KB268056

미국 최고의 대학은
어떻게 만들어지는가

TRANS-FORMING A COLLEGE

미국 최고의 대학은 어떻게 만들어지는가

_조지 켈러 지음 | 박중서 옮김

뜨인돌

미국 최고의 대학은 어떻게 만들어지는가

지은이 조지 켈러 **옮긴이** 박중서

초판 1쇄 발행 2006년 4월 20일 **2쇄 발행** 2011년 9월 26일

펴낸곳 뜨인돌출판 주식회사 **펴낸이** 고영은 박미숙
총괄상무 김완중 **편집장** 인영아
기획편집팀 이준희 이진규 김영은 홍신혜 **디자인실** 김세라 오경화
마케팅팀 이학수 오상욱 진영수 김은숙 **총무팀** 김용만 고은정

표지디자인 김진디자인 **본문디자인** 이미연 **인쇄** 예림 **제책** 바다

신고번호 제313-2011-185호 **신고년월일** 2011년 7월 5일
주소 121-840 서울시 마포구 서교동 396-46
대표전화 (02)337-5252 **팩스** (02)337-5868
뜨인돌 홈페이지 www.ddstone.com **뜨인돌 블로그** http://blog.naver.com/ddstone1994

책값은 뒤표지에 있습니다. ISBN 978-89-5807-151-8 03370

이 도서의 국립중앙도서관 출판시도서목록(CIP)은 e-CIP 홈페이지(http://www.nl.go.kr/ecip)와
국가자료공동목록시스템(http://www.nl.go.kr/kolisnet)에서 이용하실 수 있습니다.
(CIP제어번호: CIP2011003810)

인생의 모든 즐거움은 바로 평범한 생각에서 비롯된다.

하지만 인생을 활용하기 위해서는 그 외에 뭔가 특별한 해법이 필요하다.

하지만 이런 특별한 해법이란 그저 평범한 생각만 가지고서는 얻을 수가 없다.

그저 몇 가지 그림 기법을 안다고 해서 제대로 된 그림을 그릴 수는 없는 것처럼 말이다.

따라서 우리에겐 통찰과 기지와 특별한 지식이 필요하다.

올리버 웬델 홈스 2세Oliver Wendell Holmes, Jr.
엘머 거츠Elmer Gertz에게 보낸 편지 중에서
1899년 3월 1일

서문
Preface

미국의 고등교육은 참으로 유별나다. 미국은 일찍부터 아무런 계획도 없이 칼리지와 대학들을 자본주의적 시장 경쟁 체제에 방치해 놓은 유일한 나라였다. 이 나라의 크고 작은 기업들과 마찬가지로, 무려 3,900여 개에 달하는 칼리지와 대학들 역시 지금껏 더 많은 학생과 교수와 시설과 찬사와 재정적 안정을 얻기 위해 서로 악착같이 싸우고, 전략을 세우고, 경쟁해 왔던 것이다. 그렇게 싸우지 않는다면, 결국에 가서는 학교 문을 닫아야 할 형편이었기 때문이다.

지원금을 받는 1,640여 개의 공립학교뿐만 아니라 등록금과 개인의 기부에 주로 의지하고 있는 2,260여 개의 사립, 혹은 독립 칼리지 및 대학들이 하나같이 이런 압력 아래 놓인 상황이었다. 따라서 이들은 미국 국민 가운데 일부인 고등교육 소비자들에게 자신들이 보다 더

매력적으로 보일 수 있도록, 보다 더 필수적인 과정으로 여겨질 수 있
도록 애를 쓰고 있다.

미국 같은 다인종, 다언어 사회에는 아메리카 인디언, 아프리카계
미국인, 로마 가톨릭교도, 라틴계, 유대인, 그리고 여성만을 입학생으
로 받아들이는 칼리지나 대학도 있다. 또 텍사스 대학 오스틴 캠퍼스
University of Texas at Austin, 오하이오 주립대학Ohio State University, 미네
소타 대학University of Minnesota처럼 매년 신입생만 무려 5만여 명에 달
하는 대규모의 주립대학이 있는가 하면, 기껏해야 전교생이 5백여 명
미만인 2년제나 4년제의 사립 칼리지도 무려 490개나 있다.

미국 학생들은 보스턴에 위치한 버클리 음대Berklee College of Music
에 들어가서 재즈나 록, 혹은 대중음악을 공부할 수도 있고, 앨라배마
주 대프니에 있는 미국 스포츠 아카데미U. S. Sports Academy에 들어가
서 스포츠 팀의 코치나 감독, 혹은 스포츠 의학 전문가가 될 수도 있
다. 또 메릴랜드 주 애너폴리스에 있는 미국 해군사관학교U. S. Naval
Academy에 들어가서 해군 장교로 훈련받을 수도 있다. 선택의 폭은 그
야말로 놀라울 만큼 다양하다.

그런가 하면 미국 내에는 무려 5천여 개나 되는 전문직 칼리지가 있
다. 대개 개인이나 기업에서 운영하고 있는 이런 학교에서는 항공정
비원이며, 의료기술자며, 상업 화가를 배출하고 있다. 그 중에서도 드
브리 인스티튜트DeVry Institutues, 커린시언 칼리지Corinthian Colleges, 피
닉스 대학University of Phoenix 같은 곳은 빠른 속도로 성장하는 이윤창

출형 칼리지와 대학들 가운데 대표적인 예이다.

이처럼 미국 내 고등교육기관이 그야말로 폭발적이라 할 만큼 난립해 있다는 사실은, 지금껏 미국의 칼리지와 대학들이 보다 많은 학생과 자금과 주목을 받기 위해 서로 끊임없이 경쟁해 왔다는 현실을 보여주는 것이기도 하다. 이들은 종종 경쟁적 지위니, 시장 포지션이니, 상품의 차별화니, 브랜드니, 등급이니, 평판이니 하는 이야기를—물론 근엄하기 짝이 없는 교수들이야 이런 말 자체를 싫어하긴 하지만—주절거린다. 경쟁에서 낙오된 학교는 문을 닫거나, 그렇지 않으면 보다 입지가 튼튼한 다른 기관에 합병된다. 비교적 이름이 있는 칼리지와 대학들조차도 자신들의 유명세를 지키기 위해 조금이라도 자금을 더 끌어오고, 교수진을 대폭 늘리고, 연구 기금을 신청하고, 더 멋진 건물을 세우고, 보다 최신의 장비를 갖추고, 탁월하고 재능이 뛰어난 학생들을 끌어들이려 노심초사하며 경쟁을 하고 있다.

그런가 하면 전국 대학평가에서 수위를 차지하지도 못하지만, 그렇다고 문을 닫게 되지 않을까 노심초사할 필요까지는 없는 어정쩡한 칼리지나 대학들도 미국에는 많다. 이런 학교들은 2류라고 할 수 있는데, 대개는 경쟁에도 무관심하고, 자기만족적이며, 재정도 그리 넉넉한 편이 아니라는 특징을 가지고 있다. 하지만 이들 대다수도 현재 자신이 속한 '그럭저럭 나쁘지 않은 학교'라는 범주에서 벗어나, '탁월한 학교'라는 평가를 받으려고 발버둥친다.

이처럼 오늘날 미국 전역의 대학 캠퍼스에 불어닥친, 수준 향상을 향한 열망과 전략적인 노력이야말로 미국 고등교육에 있어 자본주의적 경쟁이 강력한 영향력을 발휘한 결과라고 할 수 있다.

이 책 역시 그런 학교 가운데 한 곳에 대한 것이다. 지금으로부터 40여 년 전, 노스캐롤라이나 주 한복판에서 약간 북쪽에 위치한 엘론 칼리지Elon College는 그 지역의 어느 학자가 묘사한 대로 '규모도 작고, 별 매력도 없는, 종교단체 계통의 3류 학교'에 불과했다. 하지만 오늘날 엘론 대학Elon University은 아름다운 캠퍼스와 최신식 도서관, 학생회관, 과학관, 풋볼 경기장, 헬스클럽 시설을 자랑하는 중간 규모의 대학으로, 미국 전역의 48개 주에서 수많은 학생들이 지원해 오고 있다. 이곳을 처음 찾는 학부모와 방문객과 학생들은 마치 컨트리클럽을 연상시키는 캠퍼스의 모습에 경탄을 금치 못하게 된다. 오늘날 미국의 여러 대학입시 지침서에서는 이곳을 미국 내에서도 가장 훌륭한 3백 개 학부교육기관 가운데 하나로 꼽고 있다.

과연 이러한 변화는 어떻게 일어난 것일까? 이처럼 새로운 명성과 경쟁력을 일거에 획득한 엘론의 예를 통해 다른 칼리지와 대학들은 무엇을 배울 수 있을까? 그리고 고등교육 분야에 있어 이전의 위치에서 훨씬 더 각광받는 위치로 단숨에 올라선 학교가 새로이 직면하게 된 문제는 과연 무엇일까?

이제 우리는 이를 비롯한 다른 여러 가지 질문에 대한 답변을 찾아보는 한편, 아울러 대학교육에 있어 가장 특징적이라 할 만한 요소가 무엇인지에 대해서도 알아보고자 한다.

나는 이 책을 통해 단순히 명성과 품질을 향상시키는 방법만을 논하려는 것은 아니다. 혹은 다른 학교들도 엘론이 했던 것과 똑같이 하면 성공할 수 있다고 장담하려는 것도 아니다. 다만, 내가 바라는 것은 부디 다른 칼리지와 대학들도 엘론의 성공 사례로부터 어떤 영감과 지침을 얻을 수 있었으면 하는 것뿐이다. 왜냐하면 오늘날이야말로 고등교육을 받은, 창의적이고 활기 넘치는 인재가 절실히 필요한 시기이기 때문이다.

 ☆ ★ ☆ ★

목　　차 Contents

잿더미에서 일어서다

Up from the Ashes

★ ☆ ★ ☆ ★ ☆ ★ ☆ ★ ☆ ★ ☆

1995년 가을, 줄리앤 메이어 박사Dr. Julianne Maher가 노스캐롤라이나 주에 위치한 엘론 칼리지에 교무 담당 부총장으로 부임했다. 그녀는 이곳에서의 첫 해를 준비하기 위해 도착 직후 사람들을 만날 때마다 이 학교 내에 있는 파벌과 갈등 등에 대해서 물어보았다. 하지만 놀랍게도 사람들은 하나같이 이 학교엔 그 어떤 파벌도, 혹은 갈등도 없다는 답변만 할 뿐이었다. 사람들의 이런 반응을 선뜻 믿을 수 없었던 그녀가 계속해서 같은 질문을 던지자, 어떤 사람들은 이번에 새로 부임한 부총장이 어딘가 좀 이상한 사람이 아닌가 하고 걱정하기도 했다.

그로부터 1년 뒤, 그녀는 엘론에서의 처음 한 달 간이 얼마나 당황

스러웠는지를 이렇게 회고했다.

그 학교엔 교수진 간의 불화나 음모 같은 게 전혀 없었거든요. 교수들은 학생들을 무척이나 아꼈고 강의 실력도 뛰어났습니다. 뿐만 아니라 교수들 자신이 마치 교직원이라도 되는 양 서로를 성심껏 도와주었고, 자발적으로 나서서 교양 과목을 혁신시키고 있었죠. 교직원들 역시 그에 못지않게 유능하고 협조적이었습니다. 엘론은 그야말로 강력한 '공동체' 의식을 지닌 학교였어요.

엘론의 교수진이 직접 선출한 교수위원회 또한 다른 학교와는 달리 매우 겸손하고도 건설적이었다. 노조조차 없었다.

교수진 간의 이런 화합 말고도, 엘론 대학의 특이한 점은 한두 가지가 아니었다. 약 70만 평에 달하는 캠퍼스는 놀라울 정도로 아름답고 깨끗했다. 쓰레기나 낙서가 전혀 없는 것은 물론이고, 제멋대로 자라나거나 죽은 나뭇가지 하나 없었고, 어느 한 군데 페인트가 벗겨진 곳도 없었다. 엘론 측에서는 뭔가 시설을 보수해야 할 필요가 있을 때면 지체하는 법이 없었다. 결코 한 번도 말이다. 이 학교는 연간 예산 집행에서 무려 30년 이상이나 흑자를 기록했고, 아울러 최근 두 번의 기금 운용을 통해서 1천8백만 달러였던 보유 기금 액수를 무려 4천만 달러로 끌어올린 바 있었다.

총 4천4백 명의 학생을 보유한 이 학교의 교수진이 마련한 교양 교

 ☆ ★ ★ ★

육은 그저 중국 식당에서 메뉴를 고르는 것과 다르지 않은 여타 인문 교양 칼리지의 교육 시스템과는 확연히 달랐다.

그런가 하면 이곳에는 '엘론 체험과정Elon Experiences'이라는 이름의 부차적인 공통교과과정이 있었다. 학생들은 이 과정을 통해 리더십, 국제 연구 및 체험, 지역사회 봉사, 학부생 연구, 그리고 인턴십 및 수습사원 과정의 다섯 가지 분야에 참여할 수 있다. 엘론 체험과정을 수료한 학생에게는 별도의 수료증이 발급되는데, 거기에는 학생들이 장차 회사에 취업하거나 대학원에 진학할 경우에 참고가 될 수 있도록, 이들의 과외 활동 참가에 대한 기록이 자세히 나와 있다.

최근 들어 '엘론 대학'으로 명칭을 바꾼 이 학교에서 해마다 4학년 학생들을 대상으로 실시하는 만족도 조사 결과에 따르면, 학생들은 무엇보다도 수업의 질을 최고의 장점으로 생각한 것으로 나타났다(그 다음으로는 유지관리와 캠퍼스의 외관이 차지했다).

1990년대에는 4학년 학생들이 이 학교의 식당 음식 수준을 최악의 단점으로 평가한 까닭에, 기존에 있던 오래 된 식당 세 군데를 보다 더 다양한 메뉴 선택의 여지가 있는, 고객이 조리과정을 직접 보면서 다양한 메뉴를 고를 수 있게 한 방식인 마르쉐 개념의 식당으로 개선하기도 했다. 음식 수준은 상당히 고급이지만 가격은 다른 대학 식당에 비해 조금 더 비싼 정도이다.

1988년 이래 엘론은 총 27개에 달하는 멋진 새 건물을 지었고, 그 외에 다른 건물 열댓 개를 개축했다. 그 중 카우리 센터Koury Center는 이보다 규모가 큰 주립대학에 있는 체육관 시설과 유사한 외관을 지닌 곳으로, 호화로운 휴양시설에나 어울릴 정도로 잘 꾸며놓은 헬스 시설이 있다. 모즐리 센터The Moseley Center는 총 공사비 8백만 달러에 달하는 멋진 학생회관으로 1995년에 완공되었으며, 뒤이어 정원을 따라 여섯 개의 그리스 클럽[1] 건물이 세워졌다. 총 공사비 1천8백만 달러가 소요된 최신식의 맥마이클 과학관McMichael Science Center은 1998년에 완공되었으며, 총 공사비 1천3백만 딜러가 들어간 멋진 최신식 벨크 도서관Belk Library 건물은 2000년에 문을 열었다. 그런가 하면 8,250석 규모의 풋볼 경기장과, 올림픽 경기용으로도 손색이 없는 육상 트랙을 만드는 데는 총 1천2백만 달러의 공사비가 들어갔다.

엘론이 보유한 기금은 2002년 6월 30일 현재 5,560만 달러로, 이는 1980년 당시의 3백만 달러와 1996년 당시의 2천7백만 달러에 비해 훨씬 늘어난 금액이다. 이에 비해 조지아 주의 베리 칼리지Berry College는 2002년 당시 1억 9천4백만 달러, 사우스캐롤라이나 주의 퍼먼 대학Furman University은 2억 4천8백만 달러, 노스캐롤라이나의 데이비드슨 칼리지Davidson College는 3억 1천8백만 달러, 버지니아 주의 워싱턴 앤드 리 대학Washington and Lee University은 4억 3천8백만 달러, 그리고 리치먼드 대학University of Richmond은 9억 9천8백만 달러를 기금으로 보

---

1) 가령 '파이베타카파' 처럼 그리스어 알파벳 머리글자로 통칭되는 학생 클럽을 말한다.

 ☆ ★ ☆ ★

유하고 있다.

엘론 대학의 눈부신 성장은 곧 전국적인 주목을 받게 되었다. 〈U. S. 뉴스 앤드 월드 리포트U. S. News & World Report〉지의 2003년도 조사에서 엘론은 남부 대학들 가운데서는 8위에 올라 있었으며, 이는 1995년 당시의 39위에 비해 훨씬 향상된 것이었다.[2] 또한 같은 해에 〈프린스턴 리뷰Princeton Review〉지는 자체에서 매년 발행하는《미국 최고의 칼리지 345개교The Best 345 Colleges》에 처음으로 엘론의 이름을 집어넣었다. 그러자 동부 전역의 학부모와 학생들이 엘론으로 찾아오기 시작했다. 1994년 이래 이 학교에 지원하는 입시생의 수가 무려 45퍼센트나 증가했고, 신입생의 SAT 점수는 평균 119점이나 상승했다. 지금 엘론에는 미국 전역의 48개 주와 세계 전역의 40개 국가에서 온 학생들이 다니고 있다. 2003년 가을에는 정원이 1천2백 명에 불과한 엘론의 신입생 모집에 무려 7천 명이 지원하면서, 사상 최고의 SAT 평균 점수를 기록하기도 했다.

2) 2006년 조사에서는 남부지역의 석사학위 개설 대학 중 5위로 순위가 더 올랐다.

좋았던 옛날

★ ☆ ☆ ☆ ★ ☆ ★

The Good Old Days

하지만 엘론이 맨 처음부터 이렇게 각광받았던 것은 아니었다. 엘론의 1910년도 졸업생이며, 그리스도의 교회Christian Church[3]—1889년에 엘론 칼리지를 설립한 미국의 초교파적 기독교 종파— 의 목사였던 리온 에드거 스미스Leon Edgar Smith가 총장에 취임한 1931년 당시만 해도, 이 학교는 1923년에 있었던 대형 화재의 여파에서 아직 벗어나지 못한 상황이었다. 재학생 수는 불과 87명으로 급감했고, 교수진 역시 1년 내내 월급 한푼 받을 수 없는 지경이었다. 총장이 된 직후, 스미스는 인근 앨러먼스 카운티의 주민들에게 학교가 다시 문을 열 수 있도록 각자 3달러씩의 기부금을 보내달라고 호소하는 편지를 5백 통이나 보냈다. 그러나 이 편지에 대한 답장은 단 2통뿐이었고, 그렇게 해서 모은 돈 역시 13달러에 불과했다. 하지만 그는 교회와 졸업생들에게도 호소해서 3천 달러를 모금했고, 그 자금을 바탕으로 1932년도 가을학기부터 다시 학교 문을 열었다. 1930년대 내내 스미스 총장

<hr>

3) 19세기 초, 미국 서부를 중심으로 일어난 기독교 부흥 운동으로 설립된 개신교의 한 종파. '그리스도의 교회(Christian Church, 혹은 Church of Christ)', 또는 '그리스도의 제자회(Disciples of Christ)'라는 이름으로 활동 중이며, 한국에도 지교회가 있다. 지역교회 이상의 상부 조직이 없고, 자율적으로 운영되는 것이 특징이다.

 ☆ ☆ ☆ ★

은 빚쟁이를 피해 다니고, 자금을 빌려오고, 학생들을 모집하는 일에 만 전념했다.

1939년 엘론 칼리지의 재학생은 모두 660명으로 늘어났다. 하지만 제2차 세계대전이 시작되자 지원자 수는 또다시 급감했다. 배짱이 두 둑했던 스미스 박사는 미 육군측을 설득해 조종사 위탁교육을 맡았 고, 운동경기를 폐지하고 거의 살인적일 정도로까지 허리띠를 졸라 가며 전쟁 중의 어려운 시기에도 대학을 유지해 나갔다. 전쟁이 끝나 고 제대군인원호법G . I . Bill[4]에 의해 새로 학생들이 들어오게 되자, L. E. 스미스는 건물을 신축하고 대학이 보다 안정적인 재정적 기반을 구축할 수 있도록 했다. 1957년에 이르러 70대의 나이로 은퇴할 때까 지, 스미스는 주로 그 지역 출신의 남녀 학생들인 재학생 수를 무려 1,630명으로, 기금 역시 68만 달러로 늘려놓았다.

그의 후임으로 총장이 된 사람은 매우 재능이 뛰어난 젊은 화학교 수이자 1946년도 엘론 졸업생으로, 당시 겨우 32세에 불과했던 제임 스 얼 대니얼리James Earl Danieley였다. 대니얼리 총장은 신입생 선발 과 정에서 지원자들에게 SAT 성적표를 필수적으로 제출하도록 규정한 것을 비롯해 7개의 건물을 신축했고, 최초로 흑인 학생을 받아들였으 며, 운동부를 강화하고, 4-1-4 학기 체제를 제정했다. 또 모든 교수진

---

4) 제2차 세계대전 직후 제대 군인들이 대학 과정을 마칠 수 있도록 정부측에서 보조금을 지급 했던 제도를 말한다.

에게 박사학위를 따도록 독려했으며, 교수위원회를 설립하고, 이사회로부터 전적인 지원을 받아가며 1972년에 이르러 3백만 달러의 기금조성에 성공했다.

대니얼리 총장은 엘론을 학문적으로 뛰어나게 만들었을 뿐만 아니라, 재정 문제에 있어서도 무척이나 뛰어난 능력을 보여주었다. 당시 엘론은 노스캐롤라이나 주의 대학 가운데서도 유일하게 지속적으로 흑자 경영을 하고 있었다. 하지만 대니얼리는 그런 한편으로 철저한 금주론자禁酒論者인 동시에 독재자이기도 했다. 1960년대 말부터 1970년대 초까지 일부 급진적인 학생들과 교수들이 반항적 태도를 보이고, 수업을 중단하고, 반反문화적[5]인 행동을 보였을 때, 그는 이에 대해 무척이나 단호한 조치를 내렸다. 엘론 칼리지를 점점 발전해 가는 매우 특별한 종류의 소규모 학술공동체로 만들기 위한 대니얼리의 열렬한 노력은 그야말로 요지부동이었다. 엘론의 발전 담당 부총장을 역임하고 은퇴한 조 와츠 윌리엄스Jo Watts Williams는 이렇게 말한다.

대니얼리 총장은 매우 엄격하게 학교를 운영했습니다. 반면 오늘날 이 학교의 분위기를 만든 사람도 바로 그분이었지요. 매우 긴밀하고 협동적인 공동체, 튼튼한 재정 경영, 날로 늘어나는 학문적 엄밀성, 그리

---

5) '대항(對抗)문화'라고도 한다. 1960년대와 70년대 미국에서 젊은이들을 중심으로 유행한 기성 체제와 가치관 등에 반하는 문화를 일컫는다. 대표적인 것으로는 이른바 '히피' 문화를 들 수 있다.

고 사업적 성장에 이르기까지 말입니다.

1973년에 이르러, 대니얼리 총장은 건강상의 이유로 총장직을 사임한 뒤 다시 평교수가 되어 강의실로 되돌아갔다. 이 당시에 대학이 보유한 기금은 3백만 달러로 늘어났지만 부채 역시 340만 달러로 늘어났다. 재학생 수는 1,800명 선에 머물렀는데, 이는 그가 16년 전에 총장으로 부임했을 때보다 겨우 170명이 더 많아진 것에 불과했으며, 여전히 대부분의 재학생이 인근 지역 출신인데다가, 실력 역시 낮아서 대학에서의 수준 높은 공부에는 미처 준비가 되어 있지 않은 상황이었다.

대니얼리 총장이 사임한 1973년까지 엘론 칼리지는 노스캐롤라이나 주 중부 지역 밖으로는 이름이 알려지지 않은 상태였다. 이곳을 찾은 방문객들은 철로 변에 위치한 열댓 개의 학교 건물이며, 캠퍼스 한가운데 떡하니 자리 잡은 주차장의 볼썽사나운 모습에 눈살을 찌푸리곤 했다. 대부분의 학생들은 인근의 공업 도시인 벌링턴에 사는 노동자 집안 또는 그 지역의 농민 집안 출신이거나 혹은 다른 인근 도시에서 온 기독교 집안 출신이었다. 교과과정은 비교적 충실한 편이었지만, 그렇다고 아주 특징적인 요소도 없었다.

그런데 이 엘론 칼리지가 어떻게 해서 불과 30년이 조금 넘는 사이에 미국 내에서도 가장 인기 있고 유망한 대학으로 손꼽히게 되었을까? 과연 이 대학의 교직원과 교수진과 이사회가 이처럼 새로운 수준의 탁월함에 야심만만하게 도달할 수 있었던 촉진제는 무엇이었을까? 이처럼 급격한 변화를 가능케 한 방법이나 전략은 과연 무엇이었을까?

이에 대한 답변은 여러 가지가 있을 수 있다. 하지만 그 중에서도 가장 중요한 원인은 1973년 봄에 J. 프레드 영J. Fred Young을 이 대학의 신임 총장으로 선출했던 파격적인 결정이었다. 그는 침례교도였고, 뉴욕의 컬럼비아 교육 칼리지Columbia Teachers College에서 박사학위를 받은 교육 행정가였다. 또 벌링턴에서는 부교육감을, 그리고 버지니아 주에서는 교육감 대리를 역임한 바 있었다. 그는 당시 겨우 38세에 불과했지만 열정적이면서도 탁월한 행정가로 이름이 나 있었고, 더군다나 노스캐롤라이나 출신이었다.

영 총장은 재학생 수가 적으면서도, 예산의 90퍼센트 가량을 등록금에서 충당하는 엘론 칼리지의 재정 상태가 매우 취약하다는 사실을 재빨리 간파했다. 따라서 재학생 수를 늘리는 것이 무엇보다도 급선무였다. 또한 그는 재학생 가운데 90퍼센트가 노스캐롤라이나와 버지니아 주 같은 인근 지역 출신이며, 이들 대부분이 중류층 출신의 평균, 혹은 그 이하의 학업 능력을 지닌 학생들이라는 사실을 파악해냈다.

1957년부터 1971년까지 노스캐롤라이나 주에서는 모두 50개의 새로운 지역사회 칼리지[6]가 문을 열었다. 그 중에는 엘론이 위치한 앨러

---

6) 특정 지역 주민을 위해 설립된 대학을 말한다.

먼스 카운티 내에 개교한 학교도 있었는데, 그런 곳들의 등록금은 대개 엘론보다도 무려 5분의 1 수준으로 저렴했다. 교육 행정가로 활동했던 자신의 경험을 바탕으로, 영은 이른바 베이비붐이 1961년에 절정을 이룬 다음, 향후 점차 출산율이 떨어질 것이라고 예측했다. 그렇게 되면 1979년에 가서는 대학 지원자의 수도 줄어들기 시작할 것이었다.

더군다나 엘론 칼리지에서 자동차로 겨우 한 시간 정도 떨어진 곳에는 비교적 유명하면서도 오히려 등록금은 저렴한 노스캐롤라이나대학 채플힐 캠퍼스University of North Carolina at Chapel Hill와, 급속도로 성장하고 있는 노스캐롤라이나대학 그린스버러 캠퍼스University of North Carolina at Greensboro가 있었다. 그런가 하면 엘론에서 남서쪽으로 약 100킬로미터 떨어진 곳에는 역시 상당히 평판이 좋은 퀘이커교 계열 학교인 길포드 칼리지Guilford College를 비롯해서, 또 다른 연합 그리스도의 교회United Church of Christ — 조합주의파 그리스도의 교회와 합병한 — 계열 학교인 캐토버 칼리지Catawba College도 있었다.

"이런 상황이었으니, 결국 1980년대가 되면 학생이 하나도 남아나지 않겠다고 생각되더군요. 그래서 우선 학생들을 최대한 확보하기로 했습니다." 신임 총장은 신입생 모집과 학생 생활 개선 프로그램을 최우선 과제로 삼았다. 그는 입학안내 자료를 새로 만들고, 행정 구조를 개편했으며, 새로운 전공과목을 신설하고, 캠퍼스 내에 라디오 방송국을 개국하고, 학생 클럽을 캠퍼스에 끌어들였다. 그의 밑에서 학생

및 교무 담당 부총장으로 재직했던 제임스 몬큐어James Moncure는 1974
년에 〈엘론 매거진Elon Magazine〉에 기고한 글에서 당시 총장이 이렇게
말했다고 회고했다.

> 향후 소규모 인문교양 칼리지의 존폐를 좌우하는 것은 바로 학생 생
> 활의 질質이 될 것이다. 언젠가는 초대형 대학들도 소규모 칼리지 못지
> 않게 우수한 교수진을 보유할 수 있겠지만, 그처럼 덩치가 큰 기관들이
> 라면 결코 소규모 칼리지와 같은 특유의 생활양식이나 세심하게 배려
> 된 환경을 제공하지는 못할 것이다. (……) 하지만 엘론 칼리지는 그러
> 한 문제점을 잘 알고 있으며, 또한 그 문제점을 해결하기 위해 노력하
> 고 있다.

영 총장은 특히 당시의 캠퍼스 외관으로는 결코 학생들을 더 많이
끌어 모으지 못할 것이라고 생각했다. 일찍이 19세기 초에 프레더릭
로 옴스테드Frederick Law Olmsted[7]는 훌륭하게 설계된 캠퍼스야말로 고
등 교육에 있어 불가분의 존재이며, 또한 젊은이들의 기호와, 성향과,
습관을 향상시킬 수 있다고 역설한 바 있었지만, 실상 엘론은 그런 조
언을 전혀 염두에 두지 않고 필요에 따라 무작정 캠퍼스를 확장해 왔
던 것이다.

7) 1822~1903. 미국의 건축가.

 ☆ ★ ☆ ★

이에 프레드 영은 두 가지 조치를 취했다. 우선 1974년에 이사 가운데 두 사람이 그에게 해거드 가街 북쪽에 위치한 약 5만 평의 땅을 구입해 훗날 원래 있던 남쪽 캠퍼스 건너편에 북쪽 캠퍼스를 짓자고 제안하자, 그는 이들의 제안에 기꺼이 찬동했다. 그리고 1975년에 루이스 클락 건축회사Lewis Clarke Associates와 계약을 체결하여 캠퍼스의 조경, 미화, 개발을 위한 기본계획을 짜도록 했다. 이 두 가지 조치야말로 이후 엘론의 역사에 있어 가장 중요한 결정이었음이 밝혀졌다.

루이스 클락 사에서 엘론 칼리지의 개발 기본계획을 수립한 사람은 젊고 재능 있고 자신만만한 조경 건축가 A. 웨인 맥브라이드 2세A. Wayne McBride Jr.였다. 그는 일찍이 부유층을 위한 휴양시설을 설계한 경험이 있었다. 엘론의 캠퍼스를 학부모와 입시생이 보기에 훨씬 매력적인 모습으로 만들고 싶다고 영이 설명하자, 맥브라이드는 총장이 원하는 바를 대번에 이해했다. "대학 캠퍼스와 휴양시설은 상당히 유사한 데가 있습니다." 그는 이렇게 말했다. "두 곳 모두 계속해서 머물고, 또 종종 찾아가고 싶을 만큼 멋진 곳이어야 하기 때문입니다. 대부분의 학부모는 장차 자녀가 다닐 학교에 일류 교수진이 있는지 여부보다는, 오히려 캠퍼스 자체가 안전하고, 깨끗하고, 아름답고, 안락한 곳이길 원하기 때문이죠."

맥브라이드는 당시 엘론 캠퍼스의 건축 양식이 너무 밋밋할 뿐만 아니라, 조경은 그야말로 끔찍한 지경임을 확인했다. 뭔가 시원하게 확 트인 장소라곤 전혀 없었다. 주 강의동인 파월Powell, 듀크Duke, 앨러먼스Alamance, 칼턴Carlton 관館이 ㄷ자 형태로 배치된 한가운데에는 주차장이 답답하게 들어서 있었다. "그래서 저는 모든 것을 완전히 엎어버리고 훨씬 더 멋진 캠퍼스를 설계했습니다. 마치 무슨 동화책에나 나올 것 같은 남부의 대학 모습처럼 말입니다." 그는 새로운 운동장과 넓은 실내경기장, 그리고 캠퍼스 내에 작은 호수를 하나 설계했다. 또 원래 주차장이 있던 자리에는 크고도 멋진 분수대를 설계했다.

하지만 맥브라이드가 제출한 파격적인 설계 시안을 본 교수진은 경악을 금치 못하며 그 위에 '엘론 디즈니랜드'라는, 비꼬는 투의 푯말을 걸어놓기도 했다. 이사진 가운데 두 명도 역시 그처럼 대담하고 과감한 캠퍼스의 재건축 및 확장에 반대하고 나섰다. 맥브라이드는 당시 상황을 이렇게 설명했다.

그러다보니 프레드 영 총장 본인조차도 노심초사하게 되었죠. 물론 그때 당시의 상황보다는 뭔가 훨씬 더 매력적인 외관이 필요하다는 것은 굳게 확신하고 있었으면서도 말입니다. 그는 매주 한 번씩, 혹은 2주에 한 번씩은 제게 전화를 걸어서 그 계획이 정말 제대로 먹혀들겠느냐고 물어보곤 했습니다.

하지만 1976년에 이사회에서는 결국 그 대담한 기본계획을 승인했고, 이후 그 계획을 현실화하기 위해 550만 달러의 예산을 배정했다.

프레드 영은 그 당시를 이렇게 회고했다. "당시 우리를 움직인 가장 큰 원동력은 다름 아닌 '두려움'이었습니다." 엘론은 재정적으로 등록금에 크게 의존하고 있었기 때문에, 학교측으로서는 가급적 더 많은 신입생을 끌어들이는 데 집중해야만 했다. 그리고 더 많은, 더 우수한 신입생들을 끌어들이기 위해서는, 그에 부응할 수 있는 더 멋진 캠퍼스, 더 훌륭한 기숙사, 더 풍부한 학생 생활, 더 나아진 교과과정 등이 필수적이었다.

교과 부문에서의 향상을 위해, 엘론은 연방 정부에서 고등교육법에 의거하여 총 2백만 달러의 자금을 지원하는 고등교육기관 발전 프로그램에 지원했고, 그 결과 1977년 6월에 지원 대상 학교로 선정되어 향후 5년 간 사용 가능한 지원금을 받아냈다. 영은 "이 지원금 덕분에 일단 시작할 수 있었다"고 말했다. 이 자금을 바탕으로, 엘론 칼리지는 향후 새로운 수준의 학생 교육과 편의를 도모했으며, 이를 위해 대학 지도자들과 교수진 간에 긴밀한 협조가 이루어졌다.

우선 교과과정이 개편되었고, 학생 상담 및 교수법 향상을 위한 교육자료센터Learning Resource Center가 설립되었으며, 성적이 우수한 학생들을 대상으로 전문대학원이나 일반대학원 진학 지도를 실시했고, 진로 및 취업 정보실을 확장 운영했으며, 학생 상담과 기숙사 생활 프로그램을 향상시켰고, 학교 내의 연구와 평가와 계획도 크게 신장되었다. 이에 덧붙여 엘론의 풋볼 팀인 '파이팅 크리스천스Fighting Christians'는 1979년 전국 대학간체육연맹National Association of Intercollegiate Athletics, NAIA 리그전에서 준우승을 차지했고, 이후 1980년과 1981년에는 우승을 차지했다. 생각지도 않았던 보너스였다.

이처럼 엘론이 새로이 두각을 나타내게 되면서 후원 또한 늘어나게 되었다. 동창, 후원회, 이사 등이 전보다 더 많이 엘론에 기부금을 내기 시작한 것이다. 1979년에 연방 정부에서는 기숙사 신축에 쓰일 280만 달러를 낮은 이율로 대출해 주었으며, Z. 스미스 레이놀즈 재단Z. Smith Reynolds Foundation측에서는 기부금 신규 약정을 통한 기금 마련 계획을 위해 35만 달러의 지원금을 내놓았다.

학교의 위상을 새로이 하다

★ ☆ ★ ☆ ★ ☆ ★

Repositioning the College

1979년 엘론의 재학생 수는 2천5백명 선으로 늘어났는데, 이는 1973년에 비해 무려 38퍼센트가 향상된 수치였다. 이때부터는 해마다 여유자금이 생겨나기 시작했다. 이는 극도로 예산을 절약하며 학교를 운영한 신중한 예산 집행의 결과일 뿐 아니라 재학생 수를 늘리고 등록금을 약간씩 인상함으로써 생겨난 것이었다. 이는 곧 엘론 칼리지가 해마다 성장을 위해 사용할 수 있는 일종의 벤처 자금을 갖게 되었다는 의미였다. 그렇다면 과연 어떤 목표를 향해 성장해야만 하는가?

1976년에 엘론 칼리지는 학교가 연합 그리스도의 교회의 "전반적인 관리 하에" 운영된다는 학교 설립 강령의 조항을, 교회와 "제휴하여" 운영한다는 조항으로 바꾸었다. 이와 함께 이사회 가운데 연합 그리스도의 교회 측 인사와 비非교회 측 인사의 비율을 1 대 6으로 대폭 조정했다. 이러한 변화와 아울러 재학생 수가 늘어나고, 캠퍼스의 개발 기본계획이 수립되고, 사상 최초로 대규모의 재단 지원금을 받게 되고—스펜서 러브 재단Spencer Love Foundation에서 제공한 100만 달러—교수진의 자부심이 점차 높아지게 되면서, 영 총장은 이 학교의 장래에 대해 보다 원대한 포부를 품게 되었다.

또한 한편으로 프레드 영은 재학생 숫자며, 등록이며, 마케팅 등에 대해 하루도 고민하지 않는 날이 없었다. 한때 그의 측근이었던 어떤 사람은 이렇게 말했다. "프레드는 입만 열었다 하면 학생의 모집과 선발은 물론 학교 마케팅의 중요성을 강조하고 또 강조했지요. 그렇게 끝없이 사람들에게 이 사실을 되새겨주었습니다." 실제로 이 학교에서는 입학처 사무실이 총장실 바로 옆에 나란히 붙어 있을 정도였다. 그러한 여세와 아울러 1989년 개교 100주년을 맞이하여 더 향상된 학문적 질을 원하는 이사회의 요구 등이 맞물리면서, 엘론은 새로운 차별화를 목표로 삼아 더욱 신중한 전망과 전략적 계획을 세우게 되었다.

영은 1980년대 초에 마케팅 전략팀을 구성했다. 이 팀에서는 엘론의 후원자들과 경쟁자들, 그리고 학생들에 대한 연구를 수행했다. "우리는 학생들이 이 학교를 무척이나 좋아한다는 사실을 알아냈습니다. 훌륭한 강의, 친근한 공동체, 훌륭한 시설, 매력적인 캠퍼스 등등을 말입니다." 당시 엘론의 영문학 강사였으며, 이후 커뮤니케이션실장을 역임한 낸 퍼킨스Nan Perkins는 이렇게 단언했다.

이런 전략팀의 발견을 본격적인 실행으로 옮기는 데 있어, 엘론의 지도자들은 이 학교가 그야말로 이상적이고 적절한 기후를 지닌 주州에 위치해 있다는 사실뿐 아니라, 인근의 듀크 대학Duke University을 비롯해서, 동쪽으로는 주에서도 최고 수준을 자랑하는 UNC(노스캐롤라이나 대학) 채플힐 캠퍼스, 그리고 30킬로미터 서쪽으로는 번창일로에 있는 도시 그린스버러에 위치한 UNC 그린스버러 캠퍼스 등이 이루는 일종의 '학문적 삼각지대' 한가운데에 위치해 있다는 사실을 깨닫게 되었다. 그런가 하면 교통편에 있어서는 인근의 레일리더햄과 그린스버러에 공항이 있었고, 이 두 도시 사이를 오가는 40-85 주간州間 고속도로도 있었다. 1974년부터 엘론에 재직 중인 물리교육학 교수 겸 체육부장인 앨런 화이트Alan White는 이렇게 말한다. "엘론 칼리지는 한창 확장일로에 있던—더군다나 다른 여러 개의 칼리지와 대학이 있던—두 도시 사이에, 게다가 매우 멋지고도 아담한 작은 마을에 위치해 있었습니다. 이것이야말로 대단히 유리한 점이었죠."

훗날 영이 주도한, 엘론 칼리지의 '위상을 새로이 하는 주요 작업' 역시 이런 새로운 깨달음으로부터 비롯되었다. 이사회의 격려를 받은 이 학교의 지도자들은, 장차 엘론을 특별한 고객을 위한 특별한 종류의 대학으로 만들기로 결정했다. 그리하여 엘론 칼리지는 지금처럼 대부분 노스캐롤라이나와 버지니아 남부 출신이며, 성적도 그저 그런—대개 SAT 평균 점수가 750에서 1,000점 사이인—비교적 실력 없는 학생들을 무차별적으로 받아들이기보다, 앞으로는 동부 아니면 해외의 중류층, 부유층 출신으로 SAT 점수가 평균, 혹은 그 이상인—대개 900에서 1,300점 사이인—학생들을 가급적 많이 받아들이려 노력했던 것이다. "우리는 차마 데이비드슨이나 듀크나 프린스턴에는 들어갈 수 없었던 학생들 뒤를 졸졸 쫓아다닌 셈이었습니다." 어느 행정가의 말이다(1982년 판《커츠 아이비 남부 대학 안내서Kudzu-Ivy Guide to Southern Colleges》에서 엘론은 여전히 "주로 C급 학생들을 받아들여 이들을 보살피고 돕는 데 주력하는 듯한 멋지고 아담한 학교"로 묘사되고 있었다).

이렇게 위상을 새로이 하는 데 있어 무엇보다도 더 큰 영향력을 끼친 것은 바로 이사회였다. 이사회에서는 엘론을 '등록금이 중간 정도인 학교'로 만드는 동시에, 입학 자격조건을 강화하라고 총장을 닦달했다. "만약 이사회의 닦달이 없었더라면, 저 혼자서는 그렇게 하지 못했을 겁니다." 영은 이렇게 말했다.

엘론 이사회와 행정가들은 다음과 같은 두 가지 사실을 인식하고 있었다. 첫째로, 매년 고등학교 졸업자 가운데 상위 10퍼센트에는 해당되지 못하지만, 그래도 SAT 점수가 전국 평균인 920점을 약간 상회하는 중간급 학생들은 수천 명이나 있다. 둘째로, 이런 학생들은 이른바 아이비리그를 비롯해서 듀크나 스탠포드 같은 명문 대학들, 그리고 많은 학생들이 지원하는 몇몇 일류 인문교양 칼리지들의 신입생 선발 과정이 이전과는 달라졌다는 사실을—즉, 이전과는 달리 부유한 집안 자녀나 본교 졸업생의 자녀나[8], 예비학교 출신 학생들을 점점 멀리하는 대신, 이제는 오히려 다양한 사회적, 인종적, 경제적 배경을 지닌 입시생들 가운데 가장 우수한 학생만을 골라 뽑는다는 사실—잘 알고 있다.

엘론의 지도자들은 이것이야말로 자기 학교가 경쟁력을 갖출 수 있으리라 여겼다. 즉, 화목하고 유복한 가정에서 자라난 학생들을, 또한 실력에서는 평균치나 그보다 약간 위의 실력을 지닌 학자 지망생들을 공략 대상으로 삼자고 말이다. 아울러 현실적으로 생각해 보아도, 엘론 측에는 솔직히 이것 외에 별다른 선택의 여지가 없었다. 가령 당시에 데이비드슨 칼리지가 학생 1인당 9만 2천 달러의 투자비를, 길포드 대학이 학생 1인당 2만 7천2백 달러의 투자비를 책정한 반면, 엘론 칼리지는 학생 1인당 겨우 6천8백 달러의 투자비밖에 책정할 수가 없었다. 그렇기 때문에 엘론에는 장학금이나 지원금이 다른 학교에 비해 많지 않았고, 대학 지도자들은 엘론이 앞으로도 가능한 한 등록금을

----

8) 미국의 대학 입시에서는 부모나 형제가 본교를 졸업, 혹은 재학 중인 학생에게 약간의 특혜를 제공하기도 한다. 물론 지나칠 정도는 아니고, 똑같은 점수를 받은 다른 학생과 커트라인에서 경쟁하는 경우에 약간의 이득이 있을 수 있다는 정도다.

계속 저렴하게 유지해야만 경쟁력이 있을 것이라고 확신했던 것이다.

엘론의 개혁

★ ☆ ★ ☆ ★ ☆ ★

The Remaking of Elon

엘론 칼리지가 새로운 학생 시장을 공략하기로 결정하게 되자, 그 실무에서의 우선적 실천과제도 점차 명백해졌다. 입학처에서는 우선 메릴랜드, 델라웨어, 뉴저지, 펜실베이니아, 오하이오, 뉴욕, 코네티컷, 그리고 조지아와 플로리다처럼 '인재유출성' 주들―그러니까 고등학교 졸업생 대부분을 다른 주에 있는 칼리지나 대학으로 보내는 주들―을 중심으로 신입생 모집을 시작했다. 그 다음에 입학처 직원들은 여러 예비학교에 전화를 걸었다. 그 결과, 오늘날 엘론의 재학생 가운데 사립 고등학교 출신이 22퍼센트에 달하는 반면, 노스캐롤라이나 주 출신 학생은 30퍼센트에 불과하다.

보다 부유하고 지역적으로 다양한 학생 고객들을 붙잡기 위해, 엘론의 지도자들은 캠퍼스와 건물을 보다 더욱 현대적이고 매력적으로 만들어야만 했다. 실무진들과 이사들은 새로운 건물을 짓고 기존의 건물을 개축하기 위해 드는 비용을 충당하기 위해 기금을 마련하는 한편 막대한 금액의 대출을 받아야 했다. 듀크 과학관Duke Science Building을 비롯해서 대식당과 컴퓨터실과 지어진 지 오래 된 앨러먼스관館이 그렇게 개축되었다. 아울러 1987년에는 이사들 가운데 한 사람의 재촉으로 인해 외관이 썩 훌륭하진 않지만 설비는 현대식인 예술관이 완공되었다. 이어서 1989년에는 새로운 기숙사 건물과 카우리 센터, 여섯 개의 새로운 그리스 클럽 건물, 그리고 지미 파월 테니스 센터Jimmy Powell Tennis Center가 완공되었는데, 특히 이 테니스 센터는 1989년에 〈테니스 인더스트리Tennis Industry〉지에서 미국 내에서 가장 훌륭한 테니스 경기장 열 곳 가운데 하나로 선정하기도 했다(엘론은 개교 이래 지금까지도 실력이 월등한 테니스부를 보유하고 있다).

아울러 예전에는 주차장이었던 자리에 폰빌 분수Fonville Fountain가 들어서면서, 역시 이전과는 확연히 다른 경관을 만들어냈다. 프레드 영은 이렇게 말했다. "그 분수 덕분에 이곳을 방문하는 학부모와 입시생들이 우리를 새로운 눈으로 바라본 것은 물론이고, 우리 자신조차도 스스로를 새로운 눈으로 바라볼 수 있었습니다." 총장은 캠퍼스 내부의 청결과 미관에 병적일 정도로 신경을 쓰게 되었다. 그는 늘 예의와 품위를 강조했으며, 교수건 직원이건 학생이건 간에 쓰레기가 있으면 곧바로 줍도록 지시하고, 본인 스스로도 종종 쓰레기를 주우며 돌아다녔다. 그리고 혹시나 뭔가 고장 난 것이 있으면 곧바로 신고해 즉시 수리하도록 했다.

더욱 중요한 것은 교과과정이 개편된 점이었다. 우선 비서학 분야

★ ☆ ★ ★

와 의학연구소 기술직 분야의 2년제 속성 준準학사학위를 폐지했고, 일정 수준 이하의 학생은 받아들이지 않기로 했다. 아울러 비즈니스 관련 과목이 강화되는 동시에 언론학, 컴퓨터공학, 레저-스포츠 경영학과와 두 개의 석사학위 과정—비즈니스MBA와 교육학M. Ed.—이 신설되었다.

새로운 유형의 학생들을 가르치기 위해, 엘론 칼리지는 1980년대 내내 노스캐롤라이나 주에 위치한 다른 어떤 대학보다도 더 많이 젊은 교수를 대거 신규 채용—차라리 조심스럽게 '골라냈다'는 편이 더 적절하긴 하겠지만—했다. 채용 과정은 인사 부서를 통해 이루어졌지만, 그 뒤에서 감독 및 지휘를 담당한 것은 당시 엘론의 교무처장이었으며, 1994년부터 노스캐롤라이나 주의 세인트 앤드류스 칼리지Saint Andrews College의 총장으로 재직 중인 워렌 보드Warren Board와, 수학교수이며 현재 엘론의 교무처장으로 재직 중인 제럴드 프랜시스Gerald Francis 두 사람이었다.

현재 엘론의 시각예술학과 교수인 마이클 샌포드Michael Sanford는 이렇게 회고했다. "워렌 보드는 대단한 이상주의자였죠. 반면 제리 프랜시스는 신중하고도 꼼꼼했어요: 두 사람은 그야말로 환상의 콤비였죠. 그렇게 해서 두 사람이 이곳 교수진의 체질을 싹 바꿔놓았던 겁니다." 보건교육 및 레저-스포츠 경영학을 담당하는 젊은 조교수 마이클 캘런Michael Calhoun은 이렇게 회고했다. "지금도 교수진 사이에서는 이른바 '1985년도 동기생'이라는 이름의 소모임이 있습니다. 그 해에 나란히 교수로 임용된 사람들이 그 사실을 기념하는 거죠.” 1980년대에 들어서면서 엘론 칼리지의 교수진 수는 74명에서 125명으로 크게 늘어났다.

그때 임용된 새로운 교수진 가운데 일부는 엘론의 교무처장과 학장들에게 ‘공통 작문’ 과목을 신설하자고 주장하는 한편, 강의능력 향상을 위해 보다 비판적인 생각을 표명하는 동시에, 컴퓨터를 도입하게 해 달라고 요구했다. 인문대학장이었던 클레어 마이어스Clair Myers의 경우, 당시 영문학과 조교수였고 현재는 작문 과목 담당실장인 바버라 고든Barbara Gordon에게 1980년대 내내 특별히 지원을 아끼지 않았다.

엘론의 교수진은 일정 액수의 지원금을 받았고, 외부 강사들과 전문가들을 초빙해 강연회를 열었으며, 또한 시카고 대학University of Chicago에서 열린 ‘비판적 사고’ 관련 연수회에 참가한 것을 비롯해서 각종 회의와 체계적인 교육 관련 세미나에 참석했다. 마이클 캘런은 이렇게 말한다. “우리 학교에서는 어느 학과도 결코 고립된 존재가 아닙니다.” 캘런 자신은 스포츠학의 전문가인 동시에, 1학년 학생들을 대상으로 국제연구 분야의 세미나를 이끌고 있기도 하다. 이곳의 교수들은 자기 담당 과목의 강의 시간을 오히려 줄이는 한편, 학생들을 향해 보다 더욱 적극적인 학습을 요구하며 소크라테스 식 질문[9]을 던

---

9) 이른바 ‘산파술’ 이라고 일컫는 유명한 방법으로, 상대방의 주장에 계속해서 의문을 제기함으로써 그 주장의 모순이나 독단을 상대방으로 하여금 깨닫게 하는 비판적 방법이다.

져주곤 한다.

물론 엘론 칼리지가 이처럼 위상을 새로이 하는 데 들어간 대가 또한 만만치는 않았다. 특히 새로운 건물을 세우고, 교수를 임용하는 데 많은 비용이 들었다. 그렇다면 엘론은 이렇게 늘어난 비용을 과연 어떻게 충당했던 것일까? 이러한 변화를 재정적으로 뒷감당하기 위해, 대학 지도자들은 그야말로 기발한 여러 가지 방법을 사용했다.

대학의 예산 운용 과정에서는 계속해서 매년 여유자금이 생겨나고 있었다. 또한 동창회의 후원금 비율이 1970년대에는 15퍼센트 정도였다가, 1990년에는 30퍼센트로 크게 증가했다. 아울러 조 와츠 윌리엄스의 말마따나 이사회 역시 변화되었고, 이에 덧붙여 엘론의 후원자들과 저명한 사업가들과 그 지역 유지들이 기꺼이 기부금을 내놓기 시작했다. 그리하여 개인 기부금은 1979년에 95만 달러였던 것이, 1989년에 와서는 무려 280만 달러로 크게 늘어났다.

반면 학교 측에서는 그야말로 막대한—어떤 사람들은 '황당한' 금액이라고도 했다—금액을 대출받았기 때문에, 부채 역시 1천2백만 달러로 급격히 증가했다. 다행히도 교직원 채용에 있어 엘론은 인근 그린스버러와 채플 힐, 그리고 더햄 지역에 살고 있는 매우 유능한 시간강사들을 잘 활용할 수 있었다.

차별화하기

Creating Distinctiveness

"우수한 학교는 결코 정체되어서는 안 된다." 영 총장은 교수진과 교직원을 향해 계속 이렇게 말했다. 1990년대가 시작되자 그는 측근들과 함께 '90년대를 향한 발전계획'을 만들어냈다. 이 단순하면서도 파격적인 계획에서는 다음 세 가지 목표를 설정하고 있었다.

(1) 새롭고, 장래가 촉망되고, 차별화되는 교과과정 및 공통교과과정을 만든다.

(2) 점차 늘어나는 학생들을 수용하기 위해 건물을 증축하고 캠퍼스를 단장한다.

(3) 학문적 수준을 증대시킨다.

이때부터 영은 엘론 칼리지를 동부 연안 지역에서 가장 우수한 학교 가운데 한 곳으로 만들자는 이야기를 꺼내기 시작했다.

그는 이러한 성장을 이룩하기 위해서는 무엇보다도 두 가지가 필수적이라고 확신했다. 우선 차별화된 교과 및 과외 프로그램이 있어야 하고, 아울러 모든 분야에서 탁월한 모습을 보여야 한다는―캠퍼스의 외관이나 재정 운영에서부터, 나아가 강의 내용이나 진로 지도에 이르기까지―것이었다. 이사회에서는 우선 지역적 차별화를 추진하는 비용으로 1천8백만 달러의 자금 운용을 승인했고, 그 중 5백만 달

 ☆ ★ ☆ ★

러는 이사진이 직접 조달했다.

1991년에 교수진과 학장들은 제럴드 프랜시스의 주도 아래 차별화되고 미래지향적인 교과과정을 만들기 위한 회의를 갖기 시작했다. 대부분의 학교에서는 이런 모임이 수년간 지속된다 하더라도, 결과적으로는 어디까지나 정치적인 고려에서 비롯된 변변찮은 내용상의 변경만을 가져오게 마련이다. 엘론의 교수진 역시 처음에는 마찬가지였다. 일반교양과목위원회의 의장이었던 러셀 질Russell Gill—하버드에서 박사를 받은 재능 있는 영문학 교수—은 민주적 참여를 최대한 적극 지지하는 사람이었다. 그래서 회의에서의 토론은 늘어지기만 했다. 급기야 워싱턴 D. C.에서 온 전문 외부중재자 한 사람이 긴급 투입되었다. "대단한 사람이었죠." 어느 학장은 이렇게 회고했다. 하지만 교무처장과 학장들은 마침내 어떤 결정을 내려야만 했다.

이렇게 주저하는 상황에서 돌파구를 만든 사람은 프랜시스 교무처장이었다. 그는 전통적으로 일주일에 3시간씩이었던 강의 시간을 4시간씩으로 늘려 4학점제로 하자고 제안함으로써, 향후 엘론의 교과과정 성격을 완전히 바꿔놓았다. 아울러 추가되는 1시간은 통합적, 적극적 학습을 강의에 도입하는 것으로 해야 한다고 제안했다. 아울러 150여 개에 달하는 강의를 폐지하고, 교수진이 담당해야 하는 강의 수를 연간 아홉 과목에서 여섯 과목으로 줄여 강의 부담을 완화했다.

하지만 엘론의 교수들 가운데 상당수는 이런 제안에 오히려 회의적이었다. 왜냐하면 각 학과에서 기존에 운영하던 강의 체제를 완전히 개편하고, 여러 교수들이 선호하던 강의 방식(직접 학생들을 향해 강연하는 것)을 바꿈으로서, 향후 학생들에게 제공되는 다양한 강의의 폭이 훨씬 줄어들 것이기 때문이었다. 이때 프랜시스는 릴라 페이 리치 Lela Faye Rich가 엘론의 학생들에 대해 직접 실시한 조사 내용과 자신의 논증을 통해 이 정체 상황을 해소시켰다.

당시에는 사학과 조교수이자 학생 상담 및 진로 담당 실장으로 근무했으며, 지금은 교무지원 담당 부학장으로 근무 중인 릴라 페이 리치는 상상력이 풍부하고, 쾌활하며, 솔직한 사람이었다. 교수진 중 한 사람의 말마따나 리치는 언제나 거리낌 없이 자기 생각과 느낌을 이야기했고, 그리하여 어떻게 해야만 엘론의 학생들을 제대로 가르칠 수 있는지에 대한 우리의 생각에 큰 영향력을 발휘했다.

일찍이 다른 학교에서도 학생들의 성향을 좀 더 잘 이해하기 위해 외부 컨설턴트에게 연구를 의뢰한 적도 있었지만, 그런 학교는 극소수에 불구했다. 하지만 엘론에서는 리치가 매해 신입생들에게 MBTI 검사를 실시하여 실력이 제각각인 학생들을 연구했다. 그녀는 '대학의 교과과정, 강의 방식, 과외활동, 상담제도 등이 반드시 그 학생들의 윤곽에 맞춰져야 한다'고 믿어 의심치 않았다.

리치는 MBTI 검사를 통해서 해마다 엘론 대학에 입학하는 학생들이 갖고 있는 주된 유형을 도출해냈다(이 검사는 대상자를 모두 16개 유형으로 구분하여, 각 유형별로 내향적/외향적, 감각적/직관적, 사고적/감정적, 인식적/판단적 성향을 구분한다). "엘론에는 이른바 내향적

★ ★ ★ ★

이고 감각적이고 감정적인 학생들이, 즉 혼자서 도서관에 앉아 있는 걸 다른 무엇보다도 더 좋아하는 학생들이 넘쳐나고 있었죠."리치의 말이다.

우리 학생들 중에서 가장 많은 것은 ENFP형, 즉 내향적이고 직관적이며 감정적인 유형이었습니다. 그 다음으로 많은 것은 ESTJ형, 즉 내향적이고 사고적이며 감각적인 유형이었죠. 저는 이러한 결과에 대만족이었습니다. 왜냐하면 저 역시 ENFP형이었으니까요.

리치의 주장에 따르면, ENFP형의 학생들은 규격화된 시험에서는 좋은 성적을 거두지 못하며, 혼자서 책을 읽거나 실험실에 있는 것을 선호하는 반면, 친구나 여행이나 인턴십이나 실생활 체험이나 과외 활동 역시 그에 못지않게 좋아했다.

하지만 다른 대학에서와 마찬가지로 엘론의 교수 가운데 상당수는 INTJ형(내향적이고 사고적인 유형)과 INTP형(내향적이고 사고적이며 직관적인 유형)이었다. 이런 교수들은 대개 책벌레이고, 실생활의 경험보다는 오히려 이론 쪽에 관심이 많고, 행동하기보다는 생각하기를 더 좋아했다. 따라서 엘론에서는 학구적이고 사고적인 교수진과, 원기 왕성한 젊은 학생들 사이에 일종의 불협화음이 있었던 것이다.

그리하여 규모가 점차 커져 가던 이 중대한 시점을 맞아, 리치는 재학생들의 성향을 고려해 실험적으로 만든 새로운 교과과정과 일련의 강의—새로운 일반교양과목—를 도입하도록 강력히 밀어붙였다. 그녀의 의도는 교수진이 선호하는 강의 방법과 학생들이 선호하는 학습 방법을 어느 정도 조화시킨 학습 과정을 만들어내려는 것이었다. 그녀는 이렇게 말했다. "학생들이 바보가 아닌 이상, 바보를 위한 교과 과정을 만들 수는 없지 않겠습니까." 그녀는 일반교양과목 토론회에서도 이렇게 주장했다. 결국 프랜시스 교무처장이 제안한 변화를 실천으로 옮기는 것에 대해, 엘론의 교수진 가운데 60퍼센트가 동의했다.

1993~1994학년도에 처음 도입된 일반교양과목은 매우 실험적이었고, 여기 참여한 학생들은 '국제 체험'이라는 1년짜리 세미나를 수강함으로써, 가령 이탈리아로 미술을, 멕시코로 천문학을, 유럽으로 경제학을 공부하러 떠나도록 동기부여를 받았다. 그 외에도 무용, 문학, 연극 및 미술, 철학 등을 가르치는 '표현' 과목이 두 가지 있었다. 또한 회사, 정부, 사회기관에서의 인턴십 과정을 밟을 수도 있었다. 그리고 모든 학생들은 보건 과목을 반드시 수강해야 했는데, 마이클 캘런은 이 과목에 대해 이렇게 설명했다.

우리는 학생들에게 자기 자신은 물론이고 각자의 신체적, 사회적, 성적, 영적 생활방식을 되돌아보라고 요구합니다. 학생들로 하여금 각자가 어떻게 해야 오랫동안, 건강하고, 활기차고, 중요한 삶을 살 수 있는지를 탐구해 보게 하는 거죠.

학생들의 활동적인 기질을 뒷받침하기 위해, 학교측에서는 카우리 센터에 훌륭한 헬스 시설을 마련하는 한편, 북쪽 캠퍼스의 기숙사 근처에 모즐리 센터라는 넓고 멋진 학생회관 건물을 세웠다. 또한 엘론은 특별한 공통교과과정을 수립하고, 스포츠 프로그램을 강화하여 이후 여러 해 동안 거의 모든 분야에서 뛰어난 체육 프로그램을 유지한 공로로 남부 체육연맹 최고상South Athletic Conference Excellence Award을 수상했다. 프랜시스 교무처장에 따르면 '1992년부터 1994년까지는 그야말로 분기점에 해당하는 기간'이었던 것이다.

엘론이 매우 특별하고 또 다양한 학생들을 위한 색다른 종류의 칼리지로 거듭나고 있을 무렵, 영 총장은 한편으로 모교에 애착을 지닌 나이 많은 졸업생들이 도리어 변화에 대해 거부감을 갖게 되거나, 혹은 이 학교의 오랜 기독교 전통이 단절되지나 않을까 해서 우려하고 있었다. 그는 학생들의 인성, 봉사, 가치관 형성이라는 세 가지 목표가 어떻게든 엘론 교육의 일부로 남아 있어야 한다고 생각했다. 그리하여 교과과정의 혁신과 아울러, 총장 자신이 직접 '엘론 체험과정'이라고 명명한 새로운 과정이 설립되었다.

이 공통교과 체험과정은 네 개의 개별적이고 동등한 과목으로 구성되어 있었다. 그 중 첫 번째는 해외에 나가 공부하는 것으로, 학생들에게 다문화적이고 국제적인 생활을 준비시켜야 할 필요성을 절감하던 총장이 특별히 좋아하는 것이었다.

두 번째는 자원봉사로, 학생들로 하여금 불우한 사람들을 돕도록 권장하는 것이었다. 가령 엘론은 미국 내 칼리지 가운데서는 최초로 해비타트 운동Habitat for Humanity[10]의 주택 건립 및 개축 작업에 참여하기도 했다. 이때 가난한 사람들을 위한 주택 1가구 건립비 가운데 5천 달러는 학교측에서 기부하고, 나머지 2만 5천 달러는 학생들이 직접 충당한다.

엘론 체험과정의 세 번째는 외부 기업체에서 인턴이나 보조직 사원으로 근무하는 것으로, 나날이 큰 인기를 끌어 오늘날은 재학생 가운데 80퍼센트가 이 과정을 수료한다.

네 번째는 리더십 계발로, 이 과정에 참여하는 학생은 이사벨라 캐넌 리더십 프로그램Isabella Cannon Leadership Program이라는 높은 난이도의 리더십 과정을 이수하는 동안 캠퍼스 내에서 리더로 활동할 기회를 얻게 된다. 학생 생활 담당 부총장인 스미스 잭슨Smith Jackson은 이렇게 말한다.

엘론이야말로 지금껏 제가 본 가운데 가장 활동적인 학생들을 보유한 학교였습니다. 이곳 학생들은 자기들이 알아서 회의를 열곤 합니다. 작년만 해도 모두 합쳐 5만 8천 시간에 달하는 지역사회봉사를 했죠. 그런가 하면 윌리엄슨 가街에 새로운 커피하우스를 여는 데 일조하기도

10) 1976년에 미국에서 시작된 기독교 계열의 민간단체로, 무주택 서민을 위한 건축 등의 자원봉사를 주로 하고 있다.

했습니다. 이 학생들은 매우 자신감이 넘치죠. 한 가지 아쉬운 점이 있다면, 공부 쪽에서는 아직 미처 자신감을 갖지 못하고 있다는 점입니다. 하지만 이건 충분히 바뀔 수 있습니다. 우리 교수진이야말로 그런 학생들에게 학문적 역량을 키워주는 데는 정말 최고라고 할 수 있으니까요.

잭슨은 또한 각각의 공통교과과정을 수료한 학생들에게 수료증을 발급함으로써, 이들이 엘론에 있는 동안 겪은 모든 활동, 체험, 직업, 지위 등을 명기해서 향후 취업 시에 증빙자료로 제출할 수 있도록 했다.

영 총장은 캠퍼스 내에 각각 자체 사무실을 갖고 운영되는 엘론 체험과정에 대해 무척이나 자부심을 가졌다. "우리는 네 가지 가치관―직업, 봉사, 리더십, 문화적 이해―을 선정하여, 오늘날 대학에서의 필수 과목으로 만들어 놓았습니다."

품질이 우선이다

★ ☆ ★ ☆ ★ ☆ ★

Quality Everywhere

이처럼 새로운 교과 및 공통교과과정이 도입되면서, 엘론 칼리지는 모든 재학생의 교육에 있어 보다 차별화되고 경쟁력 있는 방식―학생들의 신체와 정신은 물론이고 봉사, 리더십, 직업, 활력에 이르기까지—을 도입하게 되었다. 1990년대 초에 영 총장은 입학 등록에서부터 졸업식 행사에 이르기까지 모든 일에서 품질을 우선시하기 위해 각별히 노력했다. 그 결과, 특히 행정과 시설 관리 면에서 엘론은 뛰어난 성과를 거두었다.

1992년에 엘론은 조지아 주에 위치한 애그니스 스콧 칼리지Agnes Scott College에 재직 중이던 젊은 재무 담당자를 초빙해 왔는데, 애그니스 스콧 칼리지로 말하자면 당시 학생 1인당 교육 투자비가 미국 내에서 다섯 번째로 높은 학교로, 총 570명의 여학생에게 모두 2억 5천2백만 달러를 쏟아 붓고 있었다. 제럴드 휘팅턴Gerald Whittington이 그 학교를 떠나 엘론의 사업 및 재무 담당 부총장으로 부임하기로 결심한 까닭은 '그것을 도전의 기회라 여겼고, 또 한편으로는 그 결과가 어떨지 궁금했기 때문'이었다. 겉으로는 차분해 보이면서도, 한편으로는 창의적이고 대담하기 짝이 없는 휘팅턴이야말로, 엘론처럼 야심은 원대한 반면 주머니는 가벼운 학교로선 최상의 재무담당자였다. 그는 이렇게 말했다.

1990년대 내내 우리는 학교 전체를 완전히 개선시켰습니다. 아웃소싱을 하고, 총체적 품질경영TQM을 하고, 벤치마킹을 하고, 전략을 수립했죠. 하지만 겨우 그 정도에서 머물렀다면, 감히 우리가 창의적으로 일했다고는 자랑할 수 없었을 겁니다.

휘팅턴은 행정 업무 및 재정 운용을 개선하기 위해서 컴퓨터 시스템을 최신식으로 업그레이드했다. 그는 엘론의 기금 운용 현황을 살펴보고 나서, 채권과 현금의 비율이 지나치게 높은 까닭에 비록 명목상의 가치는 높지만 실질적인 수익은 적다는 사실을 발견했다. 그래서 그는 이사회의 투자위원회와 상의한 끝에 학교 기금을 다시 재편성해 채권 전문 투자업체 한 곳과, 주식 전문 투자업체 세 곳에 분산시켜 운용하도록 했다. 특히 주식 투자에 있어서는 한 곳은 가치주, 한 곳은 성장주에 투자하도록 했고, 나머지 한 곳을 통해서는 역逆투자를 실시했다. 그 덕분에 1990년대 말에 주식시장이 호황을 맞자, 그리 많지 않았던 엘론의 기금 액수는 거의 40퍼센트 가까이 급증했다.

컨설턴트의 도움을 받아, 휘팅턴은 직원용 의료혜택에 들어가는 비용을 절감하기 위해 학교 자체 내에서 의료보험 계획을 수립했다. 즉, 의료혜택을 이전처럼 완전보상이 아닌 손실보호 차원으로 변경하면서, 학교측에서 비용의 70퍼센트를 부담하고 직원측에서 30퍼센트를 부담하도록 한 것이다. 또한 여러 개인 및 종합병원과 연계하여, 엘론의 직원들이 지정 병원을 이용하게 되면 진료비를 할인해 주도록 했다. 예전에 비하자면 명목상의 혜택은 줄었지만, 실질적인 수준은 오히려 올라간 셈이었다. 한편으로는 교수진 및 교직원에게도 보건 교육을 실시해 건강에 유해한 습관은 상담을 통해 교정하도록 했으며, 금연과 건강요법, 혈압과 당뇨 검사 등의 프로그램을 도입했다.

휘팅턴 부총장, 영 총장, 그리고 프랜시스 교무처장은 장학처 관련 정책을 결정하는 과정에서, 등록금 납입액 가운데 장학금 명목으로 학생들에게 환급하는 비율을 12퍼센트 선에서 유지하기로 결정했다 (오늘날 대부분의 칼리지에서는 보다 우수한 신입생을 모으기 위한 전략으로 등록금 납입액 가운데 무려 35에서 40퍼센트에 달하는 금액을 장학금으로 전용하고 있는데, 이는 재정적으로 매우 위험천만한 일이다).

1993년에 휘팅턴은 교수-학생 대 교직원 비율에 대한 비교연구를 실시한 끝에, 엘론 칼리지가 다른 유사한 규모의 학교들에 비해서는 교직원 수가 매우 적은 편임을 알아냈다. 그 결과를 바탕으로 그는 행정 조직 규모를 계속해서 현 상태로 유지하면서, 보다 열심히 효율적으로 운영하는 것이 상책이라고 결정했다. 그때까지 엘론은 실제로도 그렇게 해 오고 있었다.

또한 휘팅턴은 많은 학생들이 학교식당의 음식을 불만스럽게 생각한다는 사실을 알아내고, 당시 학교 급식 분야의 추세를 조사한 뒤에, 학생과 교직원과 교수로 구성된 연구팀으로 하여금 전국에서 가장 우수한 학교식당들을 직접 찾아가 보도록 했다. 1996년에 이르러 엘론의 학교식당은 모두 새로이 단장했고, 메뉴 선택이나 조리 과정도 개선되었다.

휘팅턴과 제럴드 프랜시스는 오늘날의 다른 여러 대학에서 하는 것처럼 교수진과 교직원에게 매년 내년도 예산 전망 설명회를 함으로써, 각 사무실마다 내년도의 예산을 어떻게 하면 효율적으로 사용할 수 있을지를 미리 준비할 수 있도록 했다. 땅딸막한 체구에 유머가 넘치는 이 사업 및 재무 담당 부총장은 이렇게 단언했다. "엘론이야말로 정말 '작지만 기운찬' 엔진과도 같았습니다."

1995년부터 엘론의 대지 및 시설의 유지 관리 업무는 전직 미 해군 공병대U. S. Navy's Civil Engineering Corps 장교였으며, 마른 체구에 명랑하고 장난스러운 닐 브로밀로우Neil Bromilow가 총괄하게 되었다. 해군 복무 시절에 그는 아이슬란드에서 NATO의 공항 및 항만시설을 건축하는 데 관여한 바 있었다(최근에 그는 캠퍼스 내에 신축하는 모든 건물을 담당하는 건축실장으로 임명되었다).

내가 그의 사무실을 처음 방문한 1995년에, 학교 진입로에는 어떤 학생들이 만든 다음과 같은 커다란 포스터가 붙어 있었다. "인간 발전소 아저씨께. 우리를 위한 노력과 헌신에 감사드리며. 남쪽 캠퍼스 기숙사 학생 일동." 과연 오늘날의 다른 고등교육기관에 재직 중인 대지 및 시설 관리 담당자 가운데, 이처럼 학생들로부터 깊은 사랑과 존경을 받는 사람이 또 있을까? 해를 거듭할수록, 학생들은 엘론에 와서 공부하게 되어 가장 좋았던 점 가운데 하나로 바로 캠퍼스 경관을 들고 있다.

엘론의 유지관리팀—이른바 '오전 순찰대'—은 모두 열 명으로 구성되어 있는데, 이들은 매일 아침 7시면 캠퍼스 전역을 말끔하게 청소한다. 그리고 매일 아침 8시면 캠퍼스 전역의 화장실을 청소한다. "우리가 하는 일은 마치 쇼 비즈니스와도 비슷하죠. 매일 아침 8시가 되면 새로운 쇼가 또 시작되니까요." 브로밀로우가 말했다. 이들은 매년 거의 모든 기숙사를 청소하고 도색하며, 유지 담당자들은 늘 뭔가를 수리하느라 바쁘다. 최근만 해도 유지관리팀에서는 한 해 동안 100여 그루의 나무를 새로 심었는데, 그 대부분은 흰 참나무였다('엘론'이란 말 자체가 '참나무'라는 뜻의 히브리어이기 때문이다). 정원사들 역시 캠퍼스를 모두 네 구역으로 분할해 원예를 담당하는데, 각자 자신의 담당 구역이 다른 구역보다 더 멋지게 보이도록 최선을 다한다. 캠퍼스 조경을 담당했던 건축가 맥브라이드는 지금까지도 조경 관리를 감독하고 있으며, 미국 남부의 자생종 식물이 우거진 캠퍼스 내에 외래 식물을 도입하는 것을 엄금하고 있다. 봄이 되면 캠퍼스 곳곳에서는 형형색색의 꽃들이 만발한다.

1990년대 말에 이르러 영 총장과 다른 실무진 앞으로는 캠퍼스의 조경술과 청결함과 아름다움을 칭찬하는 학부모들의 편지가 종종 날아오곤 했다. 캠퍼스를 방문하는 학부모들은 그저 입을 딱 벌린 채, 연방 사진을 찍고, 또 감탄했다. 이제는 애초에 조경을 담당했던 맥브라이드 본인조차도 감탄할 지경이었다. "그야말로 남부에서 가장 멋진 캠퍼스 가운데 한 곳으로 탈바꿈한 거죠."

엘론이 이처럼 급격히 탁월함을 성취하게 된 데에는 외부의 컨설턴트와 타 대학의 여러 지도자들을 적극 활용하여, 최고의 것이라면 어디서나 배워 온 영향이 컸다. 대학 일반교양과목의 전문가인 게리 갭Gerry Gaff은 엘론의 교과과정 개편에 일조했다. 시러큐스 대학의 저명한 교수인 빈센트 틴토Vincent Tinto는 학생들로 하여금 되도록 신입생

때 다른 학생들과 유대감을 갖게 하는 일이 중요하다고 조언해 주었다. 그런가 하면 하버드 대학에서 온 교수들이 엘론에 모여 이곳을 사례연구로 삼아 연수회를 열기도 했다. 각 대학의 지역 및 언론 홍보를 담당하는 전문가 키스 무어Keith Moore는 엘론의 소식을 외부로 전달하는 데 일조했다. 그 외에도 다른 많은 사람들이 엘론에 강연과 조언과 지원을 아끼지 않았다. 영 총장의 측근 가운데 한 사람은 1996년에 이렇게 말했다. "프레드는 남의 말을 매우 잘 듣는다. 비록 클라크 커Clark Kerr[11]는 아니지만, 그는 남의 말에서 자신에게 도움이 될 만한 조언을 재빨리 간파하고, 뭐든지 놀라울 만큼 빨리 체득한다." 또 다른 사람은 이렇게 말했다.

프레드는 늘 자기 자신을 변화시켰고, 계속해서 자신의 이상을 키워 나가고 확장시켰으며, 계속해서 배우고 또 노력했다. 그는 아마도 ENFP형, 즉 외향적이고 직관적이며 감정적인 타입이었을 것이다. 이곳 엘론의 학생들과 마찬가지로 말이다!

엘론에서는 또한 바깥으로 연구팀을 종종 내보내기도 했다. 가령 캠퍼스 내에 헬스클럽과 학생회관을 새로 지을 당시, 엘론에서는 교

---

11) 1911~2003. 미국의 교육가. 1950년대와 60년대에 캘리포니아 대학 총장을 역임하며 오늘날과 같은 거대 주립대학으로 발돋움하게 한 미국 교육계의 거물이었다.

직원, 교수, 학생으로 구성된 연구팀이 전국 각지에 있는 가장 좋은 대학 시설을 찾아 돌아다니기도 했다. 프랜시스 교무처장은 이렇게 회고했다. "도서관을 새로 지으려고 할 때에는, 저하고 다른 다섯 명으로 구성된 팀이 전국에서 가장 좋다는 대학 도서관 열 군데를 찾아가 보았습니다. 그 가운데서 가장 좋은 것만 배워서 우리 새 도서관에 집어넣으려고 했던 거죠." 휘팅턴은 이렇게 단언했다.

우리 학교의 벨크 도서관에는 구식 장치부터 첨단 장치까지 모든 것이 제대로 갖춰져 있습니다. 아마 전국에서도 가장 훌륭한 대학 도서관 가운데 한 곳일 겁니다. 설계부터 보스턴에 있는 셰플리 불핀치 리처드슨 앤드 애보트라는 건축사무소에 맡겼거든요. 그곳이야말로 도서관 설계로 말하자면 전국에서도 최고 수준인 곳이지요.

하지만 이상은 어디 있는가?

★ ☆ ★ ☆ ★ ☆ ★

But Where's the Vision?

1994년 8월, 영 총장은 맥크러리 공연장McCrary Theatre에 모인 교수진 및 교직원 앞에서 이렇게 선언했다. "우리는 1990년대 내내 진행

 ☆ ★ ☆ ★

하기로 했던 계획을 불과 4년 만에 모두 이루고 말았습니다." 또한 그는 엘론이 애초의 예상보다도 무려 1년이나 앞서서 1천8백만 달러의 기금 마련에 성공했다고 밝히고, 1994년 가을학기부터는 새로운 일반 교양과목이 시작될 것이라고 말했다. 평소 성격대로, 그는 거의 기뻐서 어쩔 줄 모르겠다는 듯 이렇게 말했다. "지난 수십 년 간, 유례가 없었던 성공을 거두고 나서, 이제 우리는 그야말로 절정기에 도달해 있습니다. 성공에 둘러싸여서 말입니다."

하지만 그로부터 1년 전, 엘론의 이사장인 월리스 챈들러Wallace Chandler는 총장에게 이렇게 물어본 바 있었다. "총장께선 엘론을 어떤 학교로 만드실 작정이십니까?" 그리하여 향후 이른바 '엘론 비전Elon Vision'이란 이름으로 알려진 계획을 수립하기 위해 엘론의 이사, 교수, 교직원으로 이루어진 전략팀이 구성되었다. 엘론 비전에서는 학교의 규모를 지금보다 더 늘리지는 않을 것이며, 재학생 수를 4천 명 선에서 유지하여 가급적 서로 긴밀하고도 조화로운 공동체를 만들도록 하겠다고 명시했다.

엘론 비전은 모두 네 가지로 구성되어 있다. 그 중 첫 번째는 교수진의 급여 인상에 관한 것이었다(1997~1998학년도에 이르러 교수진의 급여는 크게 인상되었다).

두 번째는 비교적 뛰어난 학생과 새로운 교수를 유치함으로써 학문적 수준을 향상시킨다는 것이었다. 1996년에 4학년 학생들을 대상으로 이루어진 조사 결과에 다르면, 엘론의 일부 교수들은 실력이 모자란 편이었고, 일부 학과는 여전히 특별히 설득력 있고 적극적인 학습 방법이나 인턴십 과정을 개발하지 못하고 있었다. 일부 교수진은 학생들이 기초 지식도 모자라고, 배우려는 열의도 모자란다고 불평했다. 하지만 학생 생활 담당 부총장 스미스 잭슨은 "우리는 오히려 유리한 경쟁적 지위를 차지하고 있다. 우리로선 캠퍼스 안에 오로지 지적으로 탁월한 학생들만 가득하기를 바라서도 안 되고, 마찬가지로 젊은이들을 가르치는 데에는 관심조차 없고 오로지 연구에만 몰두하는 교수들만 가득하기를 바라서도 안 될 것이다"라고 말했다.

엘론 비전의 세 번째는 새로운 시설을 세 가지 건립하는 계획이었다. 즉, 최신식 도서관과 과학관, 그리고 8,250석 규모의 경기장을 건설하는 사업에 설계 및 건축 기금으로 4천5백만 달러가 투여될 예정이었다.

네 번째는 기존의 보유 기금을 두 배인 5천만 달러까지 늘려나간다는 것이었다. 영 총장이 생각하기에는 이 마지막 것이야말로 가장 어려워 보였다. 그의 측근 가운데 한 사람은 이렇게 말했다. "프레드는 그야말로 탁월한 행정가형 총장이며 학교 운영자였습니다. 하지만 기금 조성 쪽으로는 솔직히 영 아니었죠. 그런데 이제는 이 새로운 방향으로 나아가야 하는 것이었습니다." 휘팅턴 역시 같은 이야기를 했다. "그때까지만 해도 학교에서는 여기저기서 자금을 끌어들이는 한편, 심지어 기금이 늘어나면서 생겨난 이익금까지도 여러 가지 개선 작업과 멋진 캠퍼스 조성에 모조리 쏟아부었습니다. 그러다보니 자연히

 ☆ ★ ★ ★

기금 마련 문제가 핵심으로 떠오르게 되었죠." 하지만 영의 기세는 결코 수그러들지 않았다. "솔직히 저는 그야말로 서로 다른 엘론 '네 군데'에서 총장을 지낸 셈입니다." 그는 웃으면서 이렇게 말했다. 자신이 처음 총장으로 부임했을 때의 엘론, 1979년부터 1989년까지 성장하던 시기의 엘론, 1990년부터 1995년까지 변화하던 시기의 엘론, 그리고 그 이후의 엘론을 말하는 것이었다. 영은 엘론이 4천만 달러 규모의 자본금 마련 계획을 추진할 것이며, 그것을 통해 엘론 비전을 현실화하겠다고 발표했다.

1997년에 이르러 엘론은 매우 차별화되고 색다른 학교가 되었으며, 또한 학술공동체로서도 제법 응집력을 지니게 되었다. 매주 화요일 아침이면 캠퍼스 전체가 30분 간의 휴식 시간을 갖고, 한때 그 설립을 놓고 말이 많았던 멋진 분수대 주위에 모여서, 커피나 음료수나 도넛이나 크림치즈가 들어간 베이글이나 과일 등을 즐기며 이야기를 나누곤 했다. 이 휴식 시간 동안 학생들은 몇몇 교수들이나 총장, 혹은 유지관리팀 교직원이나 간혹 모습을 보이는 이사진 중 한 사람과 직접 이런저런 이야기를 나누기도 했다. 교목인 리처드 맥브라이드Richard McBride는 그 시간에 '모범학생Hometown Heroes' 시상식을 열기도 했다. 이때까지 엘론 대학은 계속해서 스스로 혁신을 해 왔지만, 그래도 한편으로는 줄리앤 메이어가 1995년 가을에 처음 부임했을 때와 마찬가지로 멋지고도 친근한 공동체로 여전히 남아 있었다.

그러나 1997년에 가서 영 총장은 한 가지 놀라운 발표를 하게 된다.

제2장

새로운 지도자, 새로운 과제

New Leader, New Initiatives

★ ☆ ★ ☆ ★ ☆ ★ ☆ ★ ☆ ★ ☆

1997년 가을, 엘론 칼리지는 새로운 차별화를 향해 나아가고 있는 듯했다. 우선 입학 지원자 수가 다시 늘어나기 시작해서, 전년도에 비해 무려 15퍼센트나 증가했다. 1995년에 세워진 전략 계획인 '엘론 비전'은 이미 실시되고 있었다. 교수진의 급여는 인상되었고, 젊은 학자들을 대거 모집하고 심사하여 채용했다. 새로운 교과과정 역시 실행 중이었다. 엘론 재학생들의 학부모들과 조부모들이 내놓은 막대한 기부금을 토대로 새로운 과학관이 신축 중이었고, 혁신적인 1천3백만 달러짜리 도서관 역시 설계 작업 중이었다. 영 총장은 이들 건물은 물론이고, 또한 자기가 특별히 짓고 싶어 하던 풋볼 경기장 신축 비용을 마련하느라 분주하기만 했다. 그는 4천만 달러를 목표로 진행되던 기금 마련 모금에서 얻어낸 지불 약정 및 현금 등으로 이미 3천만 달러 이상을 확보한 상황이었다. 게다가 마침 주식 시장도 계속 호황을 거듭하고 있었다.

그러던 중인 1997년 11월 11일, 영 총장의 생일이 돌아왔다. 당시 그는 64세였고, 1973년 이래 24년 간 줄곧 엘론의 총장으로 재직하고 있었다. 어느 때보다도 더욱 원기 왕성해 보이던 그해 가을에 이르러 그는 은퇴를 결심했고, 크리스마스 연휴가 끝나자마자 이사회와 교수진, 그리고 교직원들에게 1년 뒤인 1998년 12월 31일자로 총장직을 사임하겠다고 통보했다. 엘론 사람들은 하나같이 대경실색했다. 영 총장은 오랫동안 그들의 지도자 노릇을 해 왔기 때문이었다. 그 사람 이야말로 끊임없이 재촉하고, 계획하고, 경영하고, 야단쳐 가면서 엘론을 비효율과 평범함으로부터 뭔가 더 훌륭하고 탁월한 쪽으로 움직이게 만든 장본인이었기 때문이다.

훗날 영은 "그때가 가장 적절했다"고 회고했다. 엘론 비전의 여러 조각들이 하나씩 제자리에 맞춰지고 있었고, 이제는 엘론의 성장에 있어 그 다음 단계를 위한 전략적 계획이 필요한 시점이었다. 4천만 달러 모금 운동은 목표 달성을 눈앞에 두고 있었다. 영 자신도 엘론이 이미 그 역사상 중대한 지점에 도달했다고 느꼈고, 지금부터는 뭔가 더 새롭고 또 다른 리더십이 필요한 때라고 느꼈다.

물론 그 외에 여러 가지 다른 요인도 없진 않았다. 영은 뭐든지 항

 ☆ ★ ★ ★

상 일선에 직접 나서서 관리하기를 좋아했다. 하지만 엘론 칼리지의 규모가 점차 커지다보니, 그로서도 더 이상 모든 세부사항까지 일일이 챙겨 가면서 완벽하게 감독할 수가 없게 되었다. 그는 훗날 독립 칼리지 연합회Council of Independent College의 회지인 《인디펜던트Independent》(1998년 여름호)의 편집자와 가진 인터뷰에서 또 다른 두 가지 이유를 고백했다. 즉, 자신은 기금 조성자로서 뛰어난 인물도 아닐뿐더러, 학교의 학문적 발전을 촉진시킬 만한 지도자도 아니라는 생각 때문이었다고 말이다. 특유의 솔직한 태도로 그는 이렇게 말했다. "뭔가를 향상시키는 것은 사실 제 능력 밖의 일입니다. 다만 뭔가를 자리 잡게 하는 것은 제 능력 안의 일이라 할 수 있죠."

또한 그는 자신이 지금은 유능한 대학 행정가이자 결과지향적 계획가이긴 하지만, 근본적으로는 학교 행정가라고 느끼고 있었다. 영은 인터뷰에서 이렇게 말했다. "사실 저는 계획가입니다. 그러니 늘 제가 지금 어디 있는지, 그리고 앞으로 무엇을 할 것인지를 물어보지 않을 수가 없었습니다." 하지만 그는 동시에 자신이 지적이거나 학구적인 인물은 아님을 분명히 인식하고 있었으며, 그렇기 때문에 엘론이 학문적으로도 전국적인 명성을 얻기 위해서는 보다 학구적인 리더가 필요하다고 생각했다. 뭔가 아쉽다는 듯, 그는 이렇게 덧붙였다.

나름대로는 창의적인 교육 행정가가 될 수 있었으니 다행이긴 합니다만, 그것만 가지고는 제가 진정으로 기여했다는 생각이 들지 않습니다. 물론 훌륭한 교과과정이 운영되고 있긴 합니다만…… 사실 그건 제가 아니라 교수진과 다른 사람들이 만든 것이니까요.

이사회에서는 신속히 신임 총장을 물색하기 위한 위원회를 만들었다. 이 위원회는 모두 14명으로 구성되어 있었으며—이사 9명, 교수 2명, 교직원 2명, 학생 1명—위원장을 맡은 사람은 69년도 졸업생으로 당시 노스캐롤라이나 주 레일리에서 '앨런 앤드 피닉스Allen and Pinnix'라는 법률회사를 운영 중이던 노엘 앨런Noel Allen이었다. 위원회는 선정 과정을 도와줄 컨설턴트를 고용하고, 초빙 공고를 내고, 여러 경로를 통해 후보자를 물색하기 시작했다. 이후 몇 달에 걸쳐 145명 이상의 후보자를 찾아냈다. 그리고 느리고도 신중한 검토 과정을 거쳐 그 중에서도 엘론의 총장으로 가장 적절하다 싶은 몇 사람을 골라냈다.

위원회에서는 영의 후임자가 적극적이고 전략적인 계획 수립 능력과 아울러, 혁신에 대한 적극적인 태도, 조화를 도모하는 능력 등 영 총장이 보여주었던 모든 자질을 겸비하고 있는 동시에, 그보다는 훨씬 더 학구적이고 기금 조성 능력도 있어야 하며, 또한 전국적인 모임이나 중요한 학술회의 같은 곳에서도 보다 편안하게 이야기할 수 있을 정도의 능력을 갖고 있어야 한다고 생각하고 있었다. 여러 번의 면접 과정을 거친 끝에 두 명으로 후보자를 압축했다. 위원회측에서는 선정 위원 가운데 두 사람씩을 최종 후보자 두 사람이 근무 중인 학교

 ☆ ★ ☆ ★

로 보내서 그들에 대한 정보를 폭넓게 수집했다.

신임 총장이 부임하다

★ ☆ ★ ☆ ★ ☆ ★

The New Man in Town

최종 후보자 두 사람 가운데 한 명은 풍채가 당당한 42세의 남성으로, 당시 위스콘신 대학 라크로스 캠퍼스University of Wisconsin at La Crosse의 교무 담당 부총장이었으며, 《체인지Change》지에 의해 미국 고등교육계에서도 급부상하고 있는 젊은 지도자 가운데 한 사람으로 선정된 바 있었다.

미국 고등교육계의 차세대 지도자로 혜성처럼 등장한 리오 마이클 램버트Leo Michael Lambert는 23세 때 일찌감치 버몬트 대학University of Vermont에서 설립한 혁신적인 생활교육센터Living-Learning Center의 부원장을 역임한 바 있었다. 이후 그는 그 자리를 사임하고 뉴욕 주의 시러큐스 대학에서 박사 과정—고등교육 전공으로— 을 밟았으며, 이후 학위를 마치자마자 시러큐스 대학 교육대학원에서 강의를 시작했다.

몇 년 뒤에 그는 그곳 대학원의 부학장으로 선출되었고, 자신의 임기 중에 외부 자금을 지원받아 대학원생들로 하여금 학부생 상대 수준의 강의를 직접 할 수 있도록 하는 프로그램을 운영하기도 했다. 이후 대학 교수 지망생들을 위한 여러 편의 논문과 두 권의 저서를 집필한 뒤, 그는 위스콘신 대학 라크로스 캠퍼스의 협력부총장─겸 교수─으로 초빙되었다.

1996년 7월, 램버트 박사는 위스콘신 대학의 교무처장 겸 부총장으로 선출되었다. 그로부터 21개월 뒤, 그는 누군가가 자기를 노스캐롤라이나 주에 위치한 엘론이라는 생소헌 칼리지의 총장 후보로 추천했다는 소식을 알리는 편지를 받았다. 그는 이렇게 말했다. "당시에만 해도 엘론은 중서부 지역에 전혀 이름이 알려지지 않은 학교였죠. 그래서 저는 별 생각 없이 편지를 한쪽에 던져두었습니다."

이후 다시 한 번 지원 권유를 받고, 그는 자신의 이력서를 보내주었다. 1998년 10월, 엘론의 이사회와 만난 자리에서 리오 램버트는 이 학교의 제8대 총장으로 선출되었다. 당시 이사였으며 총장 선임 위원회의 부위원장을 맡고 있던 게일 드류Gail Drew는 이렇게 설명했다.

우리가 보기에 그는 혁신가이며, 뛰어난 학자이며, 또한 아주 매력적인 인물이었습니다. 그가 재직 중이던 라크로스 캠퍼스를 방문했더니, 당시 램버트 박사의 여비서는 그가 곧 떠나게 된다는 사실을 알고 눈물을 다 흘리더군요. 그걸 보고, '아, 이 사람은 뭔가 다르구나' 하는 생각을 했죠.

램버트는 마침 엘론이 아직 느슨하게나마 연관을 맺고 있는 연합 그리스도의 교회 신도이기도 했다. 하지만 몇몇 이사들은 과연 그가 엘론에 필요한 기금 마련과, 커다란 포부에 걸맞는 능력을 갖고 있을까에 대해 의구심을 떨치지 못했다. 다행히 전임 총장이자, 졸업생들 사이에서 발이 넓으며, 여전히 엘론에서 강의를 맡고 있던 제임스 얼 대니얼리와, 전직 발전 담당 부총장이었던 조 와츠 윌리엄스가 고문으로 그를 보좌할 수 있다는 사실에 이런 걱정은 곧 극복되었다.

램버트는 자신이 엘론에 도착했을 때, 모두가 매우 따뜻하게 그를 반겨주었으며, 1999년 초의 처음 다섯 달 동안은 총장 비서인 새러 피터슨Sara Peterson의 도움을 받아 동문, 학생, 교수진, 그리고 그 지역 지도자들과 만나는 일련의 인수인계 과정을 연달아 거쳤다고 말했다. "새러 피터슨은 참으로 대단한 사람이었습니다." 램버트가 말했다. "선임 과정에 있어서도 새러 피터슨은 그야말로 놀라울 정도의 조정 능력 및 감각을 발휘했습니다." 게일 드류의 말이다. 머지않아 램버트는 엘론의 고참 교직원들이 하나같이 이처럼 놀라울 정도로 탁월한 사람들임을 알게 되었다.

신임 총장은 부임 후 몇 달 뒤에 두 가지 인사 조치를 단행했다. 하나는 당시 줄리앤 메이어가 맡고 있던 교무 담당 부총장 직을 없앤 것이었다. 그가 보기엔 이 직책이 제럴드 프랜시스가 맡고 있던 교무처장의 직책과 겹치는 것처럼 보였고, 사실 교수진 측에서도 종종 둘 중 어느 쪽이 실제로 학술 및 교수 관련 업무를 전담하는지 몰라 난감해

하곤 했기 때문이었다.[12] 지금은 웨스트버지니아 주에 위치한 휠링 칼리지Wheeling College에서 실무 담당 부총장으로 재직 중인 메이어 박사는 당시 자신에 대한 인사조치가 서로 무척이나 호의적인 상태에서 이루어졌다고 회고했다. 그녀는 당시 엘론이 너무나도 규모가 커지고, 또한 장학금을 많이 줄 수 없었던 까닭에 재능은 뛰어나지만 불우한 학생들을 많이 끌어들이지 못하게 되면서 점차 그 본래의 정신을 잃어가고 있는 게 아닌가 걱정하기 시작하면서도, 자신은 그래도 엘론을 너무 좋아했다고 말했다.

또 다른 인사조치는 잭 바너Jack Barner가 다른 대학으로 옮겨감에 따라 공석이 된 발전 담당 부총장에 새로운 인물을 임명한 것이었다. 하지만 그 사람을 채용한 것은 잘못된 선택이었음이 곧바로 드러났다. 결국 그는 1년도 못 되어 그 자리를 떠날 수밖에 없었다. 램버트는 엘론의 내부 인사에게 눈을 돌려 낸 퍼킨스를 새로이 부총장으로 임명했다. 당시 입학 및 재무 기획처장을 맡고 있던 그녀는 매우 사교성이 뛰어나고 유능한 인물로, 그 직책을 11년간 감당하면서 입학 프로그램을 크게 변모시켜 놓아, 그렇지 않아도 장래의 학교 발전 담당 부총장 감으로 여겨지고 있었다. 그녀는 2000년 4월에 대니얼리와 영 전 총장의 거처였던 홀랜드 하우스Holland House에 있는 새로운 사무실로 자리를 옮겼고, 그로 인해 공석이 된 신임 기획처장 자리를, 자기 밑

---

12) 이후 엘론에서는 교무처장이 교무 담당 부총장 직을 겸임하게 되었다.

에서 오래 일했으며 쾌활한 성격에 경험이 풍부한 수전 클롭먼Susan Klopman에게 물려주어, 앞으로도 계속 학교를 위해 훌륭한 결과를 낳을 수 있게 했다.

기금 조성실장인 마이클 매군Michael Magoon의 전문가적인 솜씨에 힘입어, 퍼킨스는 곧바로 4천만 달러의 기금 조성 목표를 달성하기 위해 노력했고, 결국 2001년에 가서 총 4,760만 달러의 새로운 기금이 조성되었다. 또한 그녀는 향후 1억 달러 규모의 기금 조성을 준비하고, 그 업무를 담당할 새로운 직원을 채용했다. 입학처장으로 근무할 때와 마찬가지로, 그녀는 이번 일에서도 몇 가지 전략적 우선순위를 설정했다. 그 중 하나는 여러 재단으로부터 들어오는 기부금을 늘린다는 것이었는데, 이는 일찍이 엘론의 지도자들로선 그리 열성적으로 추구한 바가 없었던 일이었다. 또 다른 두 가지 우선순위는 기업으로부터 받는 기부금을 늘리는 한편, 노년층 기부자들로부터 기부 및 유증 약정을 더 많이 받아내는 것이었다.

이 세 가지 우선순위를 전담하기 위해 각각 새로운 직원이 채용되었다. 퍼킨스는 엘론에서 특이할 정도로 활발한 학부모 기부금 제도를 만족스럽게 생각하면서도, 한편으로는 '우리가 동문 중심의 튼튼한 후원조직을 구축하려면 앞으로 10년은 더 걸릴 것'이라고 생각했다. 그때까지 약 8년 간 엘론이 배출한 학사학위 소지자의 숫자는 이 학교가 설립된 1889년부터 1995년까지 배출한 숫자보다 더 많았다. 그러나 엘론 졸업생 가운데 당시 매년 모교에 기부금을 내는 사람의 수는 전체의 30퍼센트가 채 되지 않았다.

엘론은 새로운 동문 및 학부모 담당 협력실장으로 87년도 졸업생인 신디 월 사위 박사Dr. Cindy Wall Sarwi를 채용했다. 그녀 역시 동문 대상 프로그램을 개선해야 한다는 데 동의하고 있었다. "저는 엘론의 동문 대상 프로그램을 활성화시켜서, 졸업생들이 다양한 방식으로 모교를 도울 수 있게 하는 프로그램을 기획했습니다." 1990년대 말까지만 해도 엘론은 동문회와의 협력 관계에 대해 별로 관심을 두지 않고 있었다.

영 총장이 엘론 칼리지를 새로운 토대 위에 올려놓고, 특히 1980년대 후반부터 1990년대까지 적극적이고 새롭게 신입생 모집에 힘쓴 결과, 보다 유복한 집안 출신의 학생들이 입학하면서, 학교측에서도 이전과는 전혀 다른 부류의 학부모들을 맞이하게 되었다. 이 학부모들은 이전의 경우에 비해 교육 수준도 더 높았을 뿐만 아니라, 자녀에 대한 관심도 더 컸으며, 아울러 학부생에 대한 엘론측의 관심에 주목했고, 나아가 학교에 기부금을 내려는 의지도—최소한 자기 자녀가 재학 중인 동안만이라도—더 강했다. 엘론은 비슷한 규모의 학교 중에서는 비교적 재정이 튼튼하지 못한 편이었기 때문에, 이처럼 적극적인 부모들의 도움을 받는 것이야말로 매우 반가운 일이었다. 엘론은 각 학년별로 25명씩의 학부모 대표를 선발해서, 모두 1백명으로 구성된 '학부모위원회Parents Council'를 만들었다. 입학처에서는 학부모 가운데 유력한 사람들에게 위원회 참여를 권유하기 위해 총장 명의의 협조문을 발송하기도 했다.

66년도 졸업생이며 1995년부터 2002년 12월까지 엘론의 동문 및 학부모 담당 협력실장으로 근무했던 메리 루스Mary Ruth는 이렇게 말했다. "나중에 가서는 학부모위원회가 워낙 인기 있어서, 몇몇 학부모들은 자기를 거기 포함시켜 달라고 입학처에 개인적으로 로비를 시도하기도 했죠."(그녀는 이후 뉴멕시코 주 앨버커키에 위치한 아메리카 인디언 학교로 자리를 옮겼다) 위원회는 매년 4월과 10월에 모임을 갖고, 램버트 총장으로부터 현재 학교의 상황에 대한 보고를 들은 뒤에, 각 분과별로 나뉘어 학생 생활에 관련된 문제를 놓고 학교 당국에 조언을 한다. 루스에 따르면 위원회에 소속된 학부모 가운데 상당수는 관심과 열정이 매우 커서, 그녀는 평소 바쁜 업무 시간 중에서도 무려 3분의 1 가량을 학부모들의 질문과 제안과 걱정을 듣고 상담하는 데 들여야 했다고 한다.

학부모위원회는 루스의 이름을 따서 만든 장학기구 설립 비용으로 15만 달러를 기부했으며, 최근에는 자녀들―그리고 다른 학생들―이 대학에 다니는 동안 최상의 건강관리를 받도록 하기 위해 보건소 설립 비용으로 35만 달러를 모금했다. 오늘날 엘론에 다니는 학생의 학부모 가운데 약 3분의 1 가량이 매년 등록금 외에 일정액을 더 기부하고 있다. 그리고 엘론 졸업생의 아버지인 워렌 더스티 로즈Warren Dusty Rhodes가 총 공사비 1천2백만 달러 규모의 풋볼 경기장을 건설하는 과정에서 기꺼이 거액을 기부함으로써, 엘론은 드디어 풋볼 팀 창단 55년 만에 처음으로 그토록 갈망하던 전용 경기장을 갖게 되었다. 그 이전까지만 해도 엘론 풋볼 팀은 벌링턴의 시립 경기장에서 연습을 해야 했다. 1997년에 워렌 로즈가 내놓은 기부금 2백만 달러를 기리는 뜻에서, 학교측에서는 이 경기장을 '로즈 경기장Rhodes Stadium'이라고 명명했다.

대학의 운동 경기

★ ☆ ★ ☆ ★ ☆ ★

Games the College Plays

1999년부터 2001년까지 로즈 경기장을 건설하는 사업은 엘론에서 벌인 다른 사업의 경우와 마찬가지로 수많은 연구를 바탕으로 시작한 것이었지만, 그 진행 과정은 그리 순탄치 않았다. 엘론의 실무진들은 미국 내에서도 가장 좋은 대학 경기장을 벤치마킹했으며, 미국에서 가장 저명한 경기장 건축가이자 볼티모어에 위치한 캠든 야즈 경기장 Camden Yards Stadium을 설계한 캔자스시티의 일러비 베케트Ellerbe Becket에게 설계를 의뢰했다. 필드에는 천연잔디를 깔았는데, 이 잔디로 말하자면 전미 풋볼 리그National Football League에서 공식 지정하여 사용 중인 버뮤다 산 잔디의 일종이었다. 총 8,250석 규모의 관중석은 무척

☆ ★ ☆ ★

이나 널찍했다. 아울러 풋볼뿐만 아니라 축구 경기를 열 수도 있게 필드 면적을 넉넉하게 조성했고, 엘론의 이사로 역시 기부금을 낸 밥과 레이 맥키넌 부부를 기리는 뜻에서 이를 '맥키넌 필드McKinnon Field'라고 명명했다.

그러나 하청업체에서 경기장 건설을 위해 건립 부지를 굴착하기 시작하자마자, 바로 그 아래에 지하수 층이 자리 잡고 있음이 밝혀졌다. 건축실장 닐 브로밀로우는 당시의 상황을 이렇게 전한다. "다행히도 우리 학교는 앨러맨스 카운티에서도 비교적 고지대에 자리 잡고 있었죠. 그래서 땅 속으로 파이프를 연결해서 물을 모두 아래로 빼버릴 수 있었습니다." 필드 아래에는 추가로 모래를 넉넉히 깔아두었기 때문에, 비가 많이 와도 잔디밭이 비교적 금방 말랐다. 경기장 건물 자체도 놀라울 만큼 멋졌고, 종탑과 벽돌 아치문이 세워져 있었다.

2001년 9월 22일에 경기장이 개장되자 무려 9천 명의 인파가 초만원을 이루며 다녀갔으며, 그 중 일부는 모즐리 센터 뒤에 있는 녹지에 아예 텐트를 치고서 흥겨운 주말 시간을 보냈다.

이윽고 '파이어 오브 캐롤라이나The Fire of the Carolinas'라고 명명된 밴드부가 갈색과 흰색이 섞인 새 유니폼을 입고 등장하자 모두들 깜짝 놀랐다. 리오 램버트 총장은 엘론에 밴드부가 있으면 어울릴 것이라 생각하고, 전교생을 대상으로 이에 관심 있는 학생이 있는지 조사를 실시했다. 무려 80명 이상의 학생이 밴드부 참여 의사를 밝히는 바람에 체육부장 앨런 화이트는 신이 났다.

경기장 건립은 엘론이 보다 유명하고 매력적인 대학으로 거듭나기 위한 전략적 실천과제 가운데서도 단지 일부분에 불과했다. 이사회와 영 전 총장, 그리고 램버트 신임 총장은 엘론의 체육 프로그램을 보다 더 강화해야 한다는 데 모두 동의하고 있었다. 그로 인해 지역에서도 돋보이게 되는 것은 물론이고, 퍼먼이나 윌리엄스 같은 학교와 어깨를 나란히 하고, 나아가 현재 엘론에 재학 중인 더욱 활동적이고, 진취적이고 모험심 많은 학생들에게 어울리도록 말이다.

지난 10년 간, 엘론은 경기장을 신축하는 것에 덧붙여 카우리 센터 농구 및 배구 경기장, 동쪽 체육관East Gym, 래섬 야구장Latham Baseball Park, 소프트볼(여성 패스트피치 소프트볼) 경기장, 그리고 올림픽 경기 규격에 맞는 여덟 개의 레인을 보유한 육상트랙을 새로 건립했다. 이들 체육시설은 오늘날 미국 동부에서도 가장 훌륭한 대학 내 운동시설 중 하나로 손꼽힌다. 체육 관련 예산도 1996~1997학년도에는 220만 달러였지만, 2002~2003학년도에는 550만 달러로 증가했다.

1990년대 초반에 엘론은 전국대학간체육연맹NAIA에서 탈퇴하여, 보다 더 유명한 전국대학체육연맹National Collegiate Athletic Association, NCAA의 2부 리그에 가입했다. 하지만 이사진은 2년 간의 연구 끝에 매우 경쟁이 심한 NCAA 1부에 들어가기로 결정했고, 1999년 가을부터 NCAA 1부 리그에 속하게 되었다. 이후 지난 6년 동안 남자 종목 7개와 여자 종목 9개 분야에서 유능한 선수들을 확보하기 위해, 체육 특기자 장학금 수를 기존의 67개에서 140개로 늘렸다. 또한 코치들의

 ☆ ★ ☆ ★

업무 부담을 대폭 경감시킴으로써, 보다 더 유능한 선수들을 모집하는 데 전념케 했다.

그 어느 때보다도 더 야심만만했던 엘론의 지도자들은 여기서 만족하지 않았다. 이들은 자신들이 속한 기존의 대학 리그보다 훨씬 더 유명한 칼리지나 대학의 팀들이 소속되어 있는 다른 리그로 옮겨가고 싶어 했다. 램버트 총장과 화이트 체육부장은 특히 남부연맹Southern Conference에 들어가고 싶어 했는데, 이곳에는 데이비드슨, 퍼먼, 워포드Wofford, 시터들The Citadel, 찰스턴 칼리지The College of Charleston, 노스캐롤라이나 대학 그린스버러 캠퍼스처럼 훨씬 유명한 학교들이 포함되어 있었다. 램버트와 화이트 두 사람은 남부연맹 소속인 아홉 개 학교를 돌아다니며 자기들이 들어갈 수 있도록 로비를 했다. 그러던 중, 남부연맹 소속 학교 가운데 하나였으며, 오랜 전통을 지닌 군 지도자 양성의 요람인 버지니아 군사학교Virginia Military Institute, VMI가 갑작스레 연맹에서 탈퇴하기로 했다. 그리하여 엘론은 VMI 대신 남부연맹에 가입해 2003년부터는 보다 학문적 명성이 높은 대학 및 칼리지들과 경쟁을 펼치게 되었다. "거기 포함된 학교들과 어울린다는 것이야말로, 우리로선 대단히 중요한 한 걸음을 내디딘 셈이었습니다." 프랜시스 교무처장의 말이다.

하지만 운동으로 명성을 얻은 반면, 엘론은 제법 심각한 논란을 야기한 한 가지 문제와 맞닥뜨리게 되었다. 엘론의 운동부는 이제껏 '파이팅 크리스천스(싸우는 기독교인들)'라는 별칭으로 불려 왔는데, 이는 엘론이 본래 특정 기독교 교파에서 세운 학교였기 때문이다. 하지만 1990년대에 들어 입학생 수가 크게 늘어나면서, 캠퍼스 내에는 전에 비해 훨씬 다양한 학생들이 모여들게 되었다. 램버트 총장의 말에 따르면, 한번은 어느 유대계 학부모가 '파이팅 크리스천스'라는 명칭에 대해 항의하는 전화를 했을 정도였으며, 심지어 기독교인들 중에도 이 이름이 꼬리표처럼 달라붙는 것에 대해 불편함을 느끼는 경우가 많았다.

램버트 총장은 특히 나이 많은 동문들을 비롯해 여러 측의 의견을 청취해 보았다. 물론 이름을 바꾸는 것에 대한 반대 의견도 만만치 않았다. 하지만 총장의 의지는 확고했으며, 그리하여 1999년부터 엘론의 운동부는 '피닉스Phoenix'라는 새로운 이름으로 불리게 되었다. 피닉스는 이집트 신화에 등장하는 새로, 불에 타버렸다가도 재 속에서 다시 기적적으로 되살아난다는 특징을 지니고 있었다. 마치 엘론이 1923년의 화재에서 되살아난 것처럼 말이다. 또한 이 말은 그야말로 남보다 탁월한 사람이나 물건을 가리키는 뜻이기도 했다. 화이트 체육부장은 이렇게 말했다. "이름을 바꾸는 것에 반대한 사람들도 일부 있었고, 심지어 어떤 사람은 그렇게 하고 나면 다시는 땡전 한푼 학교에 내놓지 않겠다고 으름장을 놓기도 했습니다. 하지만 막상 이름을 바꾸고 나니까 그런 이야기도 쏙 들어가더군요."

이에 대한 전형적인 반응을 보인 사람은, 엘론이 배출한 가장 탁월한 운동선수 중 한 명이었던 74년도 졸업생 데보라 야우바우던Deborah

☆ ★ ☆ ★

Yow-Bowden 박사였다. 그녀는 현재 메릴랜드 대학University of Maryland의 체육부장으로 재직 중이며, 미국 대학 스포츠 분야에서도 손꼽히는 여성 지도자 가운데 한 명이다.

처음에는 이름을 바꾼다는 이야기를 듣고는 화가 나더군요. 저는 그 옛날의 학생 수도 적은 엘론, 보잘것없던 엘론 칼리지의 팀을 그대로 유지하고 싶었던 거죠. 하지만 머지않아 저는 이름을 바꾸는 것이 어쩔 수 없는 현실이라는 걸 깨닫게 되었죠.

이제 남은 한 가지 문제는 체육 분야에 있어서 학교측의 높은 기대에 어떻게 부응하느냐 하는 것뿐이다. 어찌 되었건 간에, 엘론은 성장이나 규모를 향한 열망은 큰 반면, 주머니는 여전히 가벼운 학교였다. 1973년 이후로 학교측에서는 소규모의 '파이팅 크리스천 클럽Fighting Christian Club'을 운영하고 있었지만, 1997년에 이르러 학교 지도자들은 '엘론 체육 재단Elon Athletic Foundation'을 설립하고 학교 발전 담당부서 내에 체육 기금 조성을 전담하는 직원을 채용했다. 신설된 이 기금 조성 창구에서는 이미 몇 가지 대규모 기부금을 확보하여, 2001~2002학년도에는 스포츠 프로그램을 위해서만 모두 35만 달러를 마련했다.
엘론의 재학생 대부분은 이처럼 스포츠 쪽이 유난히 강조되는 사실을 매우 반기는 듯하다. 이들 중 다수는 무척이나 다양한 레크리에이션 활동을 적극적으로 하고 있다. 그런가 하면 라크로스, 럭비(여자 럭

비도 있다), 승마, 프리스비, 배구 등의 동호회도 결성되어 있을 뿐만 아니라 매년 웨스트버지니아 주의 로워 뉴 강으로 래프팅을 가거나, 파일럿 산에서 절벽 클라이밍을 하거나, 노스캐롤라이나 연안에서 카약을 타는 동호회도 있다.

단순히 성장을 추구하는 것 말고, 학생들의 즐거움에 관심을 갖는 것도 이젠 엘론의 뿌리 깊은 전통 가운데 하나가 되었다.

제3장

학생 생활과 즐거움

Student Life and Pleasures

★ ☆ ★ ☆ ★ ☆ ★ ☆ ★ ☆ ★ ☆

리처드 후드Richard Hood는 오하이오 주에 위치한 드니슨 대학Denison University 영문학과의 조교수로, 옛날 미국 컨트리 음악의 전문가이자 연주자 겸 소설가였다. 그는 1987년부터 1990년까지 엘론 칼리지에서 교수로 근무하면서, 시어스 로벅 재단에서 수여하는 최고의 교수 및 캠퍼스 지도자 상Sears Roebuck Foundation Award for Teaching Excellence and Campus Leadership을 수상했다. 하지만 그가 회고하는 당시의 엘론은 교수를 매우 혹독하게 부려먹고, 전통적인 종신 재직제도는 아예 없었으며, 유능한 학자나 연구자도 거의 없는 학교였다.

그래도 저는 엘론 시절이 좋았습니다. 왜냐하면 그 학교는 다른 학교들이 늘 말로는 주워섬기면서도 전혀 실천에 옮기진 않는 두 가지 장점을 갖고 있었거든요. 하나는 교수진과 행정가들 사이에 특이할 정도로 따뜻하고 친밀한 공동체가 형성되어 있었다는 점입니다. 또 하나는 이들이 학생들 자체에 대해서는 물론이고, 그들의 발전에 대해 진정으로 관심을 가졌다는 점입니다. 정말 그곳 교수들이 자기 학생들을 얼마나 아꼈는지는 차마 말로 표현할 수 없을 지경입니다. 저만 해도 그 당시의 제자 몇 사람과 아직까지 편지를 주고받고 있으니까요.

1990년 이후로 엘론에는 많은 변화가 있었지만, 그런 와중에서도 학교 측에서는 학생들의 지적, 사회적 발전에 계속해서 집중하도록 애써왔다. 그리고 이러한 노력은 매우 다양한 활동과 솔선수범, 준비와 행사 등을 통해 가능했다.

엘론에 지원하려는 생각으로 학교로 연락을 취하는 입시생은 항상 무척이나 정중한 대접을 받곤 했다. 몇몇 학부모와 입시생들은 자기들이 매번 전화를 걸거나 편지나 이메일을 보낼 때마다, 매우 숙련된 입학 및 장학처 직원들이 곧바로 친절하게 답변을 해 주었다고 입을 모았다. 캠퍼스를 방문한 손님들 역시, 자신들을 안내해 학교 안을 둘러보게 해 준 학생들이 하나같이 똑똑하고도 친절했다고 입을 모았다. 물론 다른 학교에도 이와 비슷한 프로그램이 있긴 했다. 하지만 엘론은 이에 덧붙여 몇 가지 장점을 더 갖고 있었다.

그 중 하나를 예로 들자면, 매년 3월 초에 열리는 '장학금 신청 주간Fellows Competition Weekend'이 있다. 이때가 되면 우수 장학금Honors Fellowships, 엘론 칼리지 장학금Elon College Fellowships, 제퍼슨 파일럿 비즈니스 장학금Jefferson-Pilot Business Fellowships, 언론학 및 커뮤니케이션 장학금Journalism and Communication Fellowships, 리더십 장학금Leadership Fellowship 같은 성적 우수 장학금을 받고자 하는 입시생들이 엘론 캠퍼스를 방문해 엘론의 교수들과 현재 장학금 수혜자인 재학생들을 만난다. 2003년에는 무려 400여 명의 입시생이 면접과 강연, 세미나, 그리고 설명회 등에 참가했다. 이 행사가 어찌나 사근사근하고 매력적으로 진행되는지, 장학금을 타는 데 실패한 입시생 중에서도 30퍼센트 가량은 결국 엘론에 진학하기로 마음을 굳히곤 한다.

신입생 오리엔테이션 가운데 대부분은 90명의 3, 4학년 학생들이 진행하는데, 그 중에서도 특히 12명의 리더들은 오리엔테이션이 열리기 전 3주 동안 학교측 소유인 '세븐 레이크 수양관Seven Lakes Retreat'에서 기초훈련을 받게 된다. 오리엔테이션 진행자들은 교수진과 함께 인기 있는 신입생 세미나인 '엘론 101Elon 101'을 진행하기도 한다. 이 세미나는 엘론의 교과과목, 조직, 남녀 학생 클럽, 운동부, 도서관, 기숙사 생활, 봉사활동 등 학교생활의 이모저모를 다양하게 소개한다. 엘론 101에 참여하는 교수들은 신입생들이 이후 2학년 때 가서 전공을 선택할 때까지 그들의 조언자 노릇을 해 준다.

엘론의 대학 생활 소개 프로그램은 매우 유익하고 인기 있기 때문에, 2002년에는 브리버드 칼리지Brevard College의 존 가드너 신입생 정책 센터John Gardner's Policy Center on the First Year of College에서 '신입생 교육에 있어 가장 탁월한 학교America's Institutions of Excellence in the First College Year'로 엘론을 선정하기도 했다. 그리고 〈타임〉지에서도 2002년도 '올해의 대학Colleges of the Year' 특집호를 통해 엘론의 신입생 프로그램을 격찬했다. 엘론에서는 신입생 가운데 매년 84에서 86퍼센트 가량이 2학년으로 진학하는데, 이는 미국에서도 가장 우수한 대학들의 평균 진학률보다 약간 낮은 수준이다. 엘론에서 자퇴한 나머지 학생들은 대부분 향수병, 경제적 어려움, 지리적 여건—엘론 인근의 마을은 무척이나 규모가 작기 때문에, 학교에는 없는 잡화점, 대형서점이나 레코드가게, 옷가게, 그리고 괜찮은 식당 등을 찾을 수가 없다—등을 이유로 들었다. 반면 교수나 동료 학생, 그리고 캠퍼스 내 프로그램에 대해 불만을 표시한 학생은 거의 없었다.

신입생 모집

★ ☆ ★ ☆ ★ ☆ ★

Recruiting the Tyros

프레드 영이 총장으로 재직하던 내내 엘론의 가장 큰 걱정이었던 입학관리는 리오 램버트 신임 총장에게도 마찬가지였다. 그러면서도 엘론에 지원하는 입시생 수가 증가한 것은 입학관리를 위한 노력이 성공했다는 증거이기도 했으며, 이것이야말로 이후 엘론이 성장할 수 있었던 주 요인이기도 했다.

엘론의 입학관리 프로그램은 다른 주요 학교들의 경우에 비해 특별히 다르진 않았다. 하지만 그 형태나 경쟁력 면에 있어서는 다른 곳에 비해 매우 특이한 면이 없지도 않았다. 엘론의 입학 및 장학처는 비슷한 규모의 다른 학교에 비해서는 덩치가 제법 큰 편이어서, 정규직과 보조직을 망라해 모두 28명의 직원이 근무하고 있다. 그 중 3분의 1은 끝없이 출장을 다니고, 일일이 전화를 걸어대며, 해마다 새로운 영역을 개척해 나가고 있다. 엘론의 신입생 선발이 다른 학교의 경우와 어떻게 다른지를 물어보았더니, 답변이 한두 가지가 아니었다. 엘론은 눈에 띄는 입학안내 자료를 만들기 위해 더욱 많은 신경을 쓰고 있었다. 심지어 엘론에서의 학교생활 및 공부를 소개하기 위해 제작한 책과 비디오 입학안내 자료는 교육 발전 및 지원 위원회Council for Advancement and Support에서 수여하는 상을 받기도 했다.

입학 및 장학처장을 역임한 바 있는 낸 퍼킨스는 이렇게 말했다. "아마 다른 대부분의 학교들에 비해, 우리가 입시생들에게 보내는 정보의 양이 훨씬 더 많을 겁니다." 다른 학교와 마찬가지로, 엘론 역시 캠퍼스 내에 입시생과 학부모들을 위한 오픈하우스를 두 곳이나 운영하고 있었지만, 엘론에서는 교수들 가운데 상당수가 프로그램에 직접 참여해 토론회를 이끌기도 한다. 그런가 하면 1년에 두 차례씩 전국의 입시지도 전문가들을 캠퍼스로 초청해 재학생과 교수와 교직원들을 직접 만나게 하고, 이곳의 프로그램에 대해 설명해 주기도 했다.

입학처 직원들은 해마다 30여 개 이상의 도시를 순회하며 입학설명회를 갖고, 아울러 이곳에는 입시생 및 학부모의 상담 요청에 응할 재학생과 교수와 학부모가 언제나 대기 중이다. 입학 및 장학처장인 수전 클롭먼은 이렇게 말한다. "신입생 모집에는 오히려 동문보다도 재학생 학부모를 상담 요원으로 더욱 많이 활용하고 있습니다. 모두들 정말 열심히 도와주시죠." 엘론은 외부로부터 들어오는 모든 문의에 신속하게 답변한다. 입학처 직원들은 인구지리 조사법을 도입해 자신들이 찾는 종류의 학생들이 주로 어느 지역에 많이 거주하는지를 파악했고, 칼리지 보드College Board[13]로부터 우편주소록을 구입했다. 또한 세부적인 것까지도 제대로 하기 위해 각별히 주의를 기울였다. "우리는 이 과정의 모든 단계마다 학부모와 입시생에게 기대 이상의 것을 보여주기 위해 노력합니다." 어느 입학처 직원의 말이다.

그렇다면 학부모와 입시생들은 무엇 때문에 엘론을 선택한 것일까? 클롭먼은 아마 그 이유가 '단 한 가지'는 아닐 것이라고 자신했다. 실제로 지원자들은 엘론의 적당한 규모(너무 작지도, 너무 크지도 않은)와 함께 탁월한 각종 시설과 캠퍼스 경관, 헌신적인 강의와 학생의 발

---

13) SAT를 비롯한 여러 시험을 주관하는 미국의 비영리 학력평가기관이다.

전을 강조하는 교풍, 소도시 특유의 분위기와 노스캐롤라이나 주의 적절한 기후, 엘론 체험과정과 운동부, 그리고 해외 연수와 인턴십 과정의 기회 등을 엘론에 오게 된 이유로 꼽았다. 입학처 직원들의 말에 따르면, 그 중에서도 많은 학생들을 사로잡은 결정적인 이유는 두 가지였다. 하나는 입학금이 비교적 싼 편에 속한다는 점이었다. "우리와 경쟁하는 다른 학교에 비하면, 결국 엘론에서는 모든 학생에게 1인당 6천 달러씩 장학금을 주는 것과 같은 효과가 있었죠." 어느 교직원의 말이다. 또 하나의 이유는 엘론 어디를 가든지 사람들 사이에서 맡을 수 있는 우애와 따뜻한 분위기였다. 어느 교직원은 이렇게 말했다. "어느 학교나 다 자기들이 무척이나 우애 있고 따뜻한 분위기라고 말들은 잘 합니다. 하지만 우리는 그걸 정말로 실천한다는 게 다르죠."

지난 몇 년 동안, 입시생들이 마음에 드는 대학을 찾기 위해 인터넷을 사용하게 됨과 동시에, 입학처 직원들 역시 폭발적으로 늘어난 이메일 및 온라인 신청을 처리하느라 고생을 겪었다. 클롭먼은 이렇게 말한다. "인터넷 덕분에 예전과는 상황이 완전히 달라졌습니다. 입시 자체가 점점 더 소비자 주도형으로 되고 있는 거죠." 이에 따라 엘론 역시 최신식 설비를 갖춘 적당한 칼리지나 대학을 물색하는 수많은 중등학교 학생들의 새로운 접근에 재빨리 대응하고 있다.

학생들을 위한 기숙사 시설

★ ☆ ★ ☆ ★ ☆ ★

House for Learners

오늘날 대학교육계에서는 학생 중심 교육의 필요성에 대한 논의가 점차 늘어가고 있다. 이것은 이전까지의 교수 중심 수업방식, 강의계획표, 그리고 학습목표를 대체하는 개념이다. 엘론의 경우에는 영 전 총장의 각별한 관심과, 또한 학생들의 비교적 낮은 수준을 고려하여 이미 20여 년 전부터 학생들을 우선적으로 고려하는 강의가 이루어져 왔다. 엘론의 지도자들은 체육관과 헬스클럽, 아름다운 캠퍼스와 크고 멋진 학생회관을 건립했을 뿐만 아니라, 나아가 기금을 새로 조성해 가며 현대식 도서관과 최신식 과학관을 설립했다. 또한 학생들을 위해 캠퍼스 내에 열 군데의 기숙사를 신설하고, 기존의 기숙사 건물들인 대니얼리 센터Daniely Center—엘론의 전직 총장의 이름을 따서 붙인—와 캐롤라이나Carolina, 스미스Smith, 웨스트West 센터의 개선 공사를 마쳤다. 그리고 학생들의 주거 지역에는 컴퓨터 네트워크가 연결되어 있다.

많은 학생들의 요청에 따라, 엘론은 기숙사 가운데 일곱 군데를 생활학습센터로 운영하게 되었는데, 이곳에는 학문적 관심사가 비슷한 (가령 실용미술, 과학, 국제연구 등) 학생들이 공동으로 생활하도록 했다. 지난 5년 동안 엘론에서는 여섯 개의 새로운 남녀 학생 클럽 건물

☆ ★ ☆ ★

을 신축했는데, 그 각각의 클럽에는 역시 재학생인 관리자 한 사람과 10명에서 12명 가량의 재학생이 거주하고 있다. 재학생 가운데 3분의 1 가량은 모두 19개에 달하는 클럽 중 한 곳에 가입하고 있으며, 그 중 7개의 클럽은 흑인 학생도 회원으로 받아들이고 있다.

학생용 기숙사 시설 가운데 가장 최근에 지어진 것은 두 채의 학관 學館으로, 이는 램버트 총장이 의도한 '학술촌 學術村, academic village' — 네모난 잔디밭을 중심으로 일련의 커다란 팔라디오 식 빌라(교실로 사용되는) 건물들이 둘러가며 배치되어 있다—가운데 처음으로 지어진 건물들이었다. 이는 토머스 제퍼슨 Thomas Jefferson이 버지니아 대학 University of Virginia을 세우면서 애초에 의도한 방식과 유사했다. 램버트 총장은 이에 대해 다음과 같이 쓴 바 있다.

우리는 이 세계를 작은 마을, 그것도 미국 고유의 특징을 뚜렷이 드러낸 마을로 묘사한 제퍼슨의 이상을 좋아했다. (……) 엘론의 학술촌은 제퍼슨의 그와 같은 이상을 기리기 위해 설립된 곳이다.

가장 먼저 세워진 두 채의 별관, 즉 이사벨라 캐넌 국제 연구관 Isabella Cannon International Studies Pavilion과 윌리엄 R. 케넌 장학생관 William R. Kenan Honors Pavilion에는 각각 22명의 외국인 학생과 22명의 장학생이 거주하고 있다. 또한 이곳에는 교수 한 명이 상주하고 있으며, 각 학관마다 강의실이 있다. 부학생처장인 제프리 스타인 Jeffrey Stein은 이렇게 강조한다. "엘론의 기숙사 시설은 종류가 무척이나 다양하기 때문에, 학생들 역시 선택의 자유를 최대한 누리고 있습니다."

자체적으로 펴내는 출판물 중 상당수는 휘황찬란하고도 요란스러운 이미지와 타이포그래피를 더욱 선호하는 요즘 학생들의 시선을 끌도록 디자인되어 있다. 엘론에서 본교의 교과과정과 특징을 묘사하기 위해 제작해 배포하는 인쇄물들은 같은 목적으로 배포된 다른 고등교육기관의 홍보물보다도 훨씬 돋보인다는 찬사를 받아 왔다. 엘론의 홍보물은 뛰어난 문장과 유용한 정보, 그리고 멋진 사진들이 어우러져 있어, 대학 생활 동안 맛볼 수 있는 활력을 보여주고 있는 듯하다. 학생 생활 담당 부총장 잭슨은 이렇게 말한다. "엘론의 학생들은 정말 매우 활동적입니다. 매년 새로 시작되는 학생 조직이 네댓 개나 될 정도로 말입니다."

오늘날의 학생들은 어린 시절부터 TV와 컴퓨터, 인터넷에 익숙해져 있기 때문에, 엘론도 웹사이트를 개설했는데, 그리고 이 역시 미국의 여러 칼리지와 대학의 웹사이트 중에서도 가장 심도 있고, 시각적으로 뛰어나며, 많은 정보를 담고 있는 사이트 가운데 하나로 손꼽히고 있다. 차분하면서도 생각이 깊고 혁신적인 대학홍보실장 댄 앤더슨Dan Anderson은 이렇게 설명한다.

우리는 기존의 뉴스 알림판과 웹을 통합시켰습니다. 그리고 전문가 세 명을 고용해서, 하루에도 최소 열 번 이상 콘텐츠를 업데이트하도록

 ☆ ★ ☆ ★

했죠. 학생들은 뭔가 새로운 소식이 있나 해서 종종 웹사이트에 들어옵니다. 그리고 학부모들 중에도 거의 매일 우리 웹사이트에 접속한다는 분들이 많습니다.

행사와 참여

★ ☆ ☆ ☆ ☆ ★

Celebrations and Involvements

엘론의 교목인 리처드 맥브라이드 목사는 1984년부터 이 학교에 근무해 왔다. 엘론의 종교 지도자로서 그는 학생들이 정신적, 신체적, 영적으로 성장하도록 돕는 한편, 재학생들이 분명한 자아관을 갖도록 북돋아주는 역할을 담당한다. 학생들로 하여금 변화하도록, 그리고 스스로를 발견하도록 돕는 것은 그의 말마따나 "나 자신의 영적인 여정"의 일부분이며, 오늘날과 같이 다인종, 다종교의 특성을 지닌 대부분의 대학에 있는 교목들의 주된 사명이기도 하다.

그리하여 1995년부터 그는 엘론에서 '21세 맞이Turning 21'라는 행사를 시작했다. 1년에 네 번씩, 매번 21세 생일을 맞은 4학년 학생들을 저녁식사에 초대하는 것이었다. 참석하는 학생들은 자신의 후원자인 교수나 교직원 가운데 한 사람을 대동하는데, 그들은 이 학생들이 엘

론에 있는 동안 얼마만큼 변했으며, 또 장차 어떻게 되었으면 좋겠다
는 내용을 편지에 적어 온다. 이 편지는 저녁식사 때 각 학생들에게
전달된다. 매번 저녁식사에 참석하는 학생은 60여 명 가량이다. 각각
8명씩 원탁에 둘러앉고 나면, 후원자가 한 사람씩 자기 학생들을 소개
하고, 저녁식사 후에는 각 테이블의 학생들이 자기 선생님들과 학교,
학부모와 친구들, 그리고 각자의 미래를 위해 건배를 제안한다.

맥브라이드는 또한 매년 봄마다 '인생 이야기Life Stories'라는 과목을
가르치고 있는데, 이 과목은 지금 엘론에서도 매우 큰 인기를 끌고 있
다. 이 수업에 참여한 학생은 자신을 지금의 모습처럼 만들어 놓은 요
인을 회고하며, 미래에는 어떤 일을 성취하고 싶은지를 결정한다. 학
생들은 돈 맥애덤스Don McAdams의 《우리 삶의 이야기Stories We Live By》
나 샘 킨Sam Keen의 《뱃속의 불Fire in the Belly》 같은 책들을 읽으며, 각
자의 방향과 습관과 가치관 같은 주제를 놓고 서로 질문을 주고받는
다. 이 강의를 통해 자신이 누구이며 어떻게 지금의 모습이 되었는지,
그리고 자신의 가치관이 무엇이며 미래가 어떻게 될 것인지, 또한 그
러한 미래에 도달하기 위해서는 어떤 과정을 밟아야 하는지를 발견하
는 데 큰 도움을 받았다고 학생들은 말한다.

나아가 맥브라이드는 《학생들은 대학에서 어떻게 바뀌는가How
Students Change in College》라는 책을 편찬하기도 했는데, 이 책은 모두 14
명의 학생들로 구성된 엘론의 기업학회Enterprise Academy에서 출간되었
다. 이 학회는 비즈니스 행정 담당 조교수인 바스 스트렘펙Barth

Strempek이 학생들로 하여금 CD 제작, 시장 조사, 도서 출판 같은 소규모 사업을 직접 시작해 볼 수 있도록 만든 실무 팀이다.

엘론에는 이처럼 학생들이 주도하는 각종 축하연, 평가회, 위원회, 행사 등이 무척 많다. 스미스 잭슨은 이렇게 말한다. "우리는 학생들 각 개인의 능력을 매우 존중하고 있습니다." 가령 '엘리트 프로그램Elite Program' 가운데 하나에서는 컴퓨터 프로그래밍에 능숙한 학생들이 교수들을 상대로 수업 시간에 컴퓨터를 사용할 수 있는 방법을 가르치기도 한다. 학생회 임원들은 엘론에서의 더 나은 생활과 공부를 위해 학생들의 제안을 받는 '잡동사니 게시판Piddly List'을 운영하고 있으며, 매년 8월에 학생회 임원들과 학교 측 고위층이 함께 여는 연례 평가회 때에 그 내용을 가지고 이야기를 나눈다. 음악 분야에서는 학생들이 조직한 오케스트라, 합창단, 재즈 악단 동호회가 있어서 간혹 연주회도 가진다. 최근에는 아카펠라 합창단이 인기를 끌고 있다. 몇 년 전에는 학생들이 '트위스티드 메저Twisted Measure'라는 이름으로, 대중가요를 연주하는 15인조 그룹을 결성했다. 또 여학생들이 '스위트 시그니처스Sweet Signatures'라는 그룹을 결성하자 남학생들도 곧바로 MSG(남성 합창단)를 결성했다.

정치학과 조교수인 샤론 스프레이 박사Dr. Sharon Spray는 정치학과 학생들에게 대중 연구 및 여론조사 기술을 실습시키려는 의도에서 일명 '엘론 대학 여론조사Elon University Poll'를 시작했다. 연구 주제는 교수가 정해 주지만, 대부분 전화로 이루어지는 인터뷰는 모두 학생들이 담당한다. 스프레이 교수는 이것이 학내의 '정책 결정을 위한 도구'로 쓰일 수 있다고 말한다. 또한 학생들은 노스캐롤라이나 주나 전국적인 어떤 사안을 놓고 주민들을 향해 호소하기도 한다. 엘론 여론조사는 점점 영향력을 더해 가고 있어서 이후 〈뉴욕 타임스〉, 〈월 스트리트 저널Wall Street Journal〉, NBC 뉴스 같은 매체에 언급된 바 있다.

이것 말고도 엘론에서 가장 특징적인 학생 참여 프로그램으로는 다섯 가지나 되는 '엘론 체험과정'을 들 수 있다.

학생들을 참여시킨다

★ ☆ ★ ★ ☆ ★

Engaging the Students

가장 최근의 엘론 계획에서는 본교를 "참여 교육에 있어 전국적인 모범사례가 될 수 있도록 한다"고 명시하고 있다. 이러한 목표를 향한 학교 측의 노력 가운데 핵심적인 것은 바로 다섯 가지의 '엘론 체험과정'이다. 이는 이 대학의 지도자들이 생각하기에 오늘날의 젊은 미국인들이라면 반드시 지녀야 하고, 또 실천해야 할 가치관을 배양하기 위해 고안된 과정이다.

첫 번째의 엘론 체험과정은 건설적인 근로 윤리를 계발하고, 지식을 곧 실무로 옮길 수 있도록 돕자는 취지에서 학생들을 인턴십이나 보조직으로 활동하게 하는 과정으로, '취업센터Career Center'나 각 학과에서 주선한다. 재학생 가운데 4분의 3 가량이 메릴린치Merrill Lynch, 미국 자유인권협회ACLU, 백악관White House, NBC 스포츠NBC Sports, 코미디 센트럴Comedy Central, 존슨 앤드 존슨Johnson & Johnson, 미국 공보원U. S. Information Agency 등의 기관 및 기업체에서 인턴으로 근무한다. 그 중 한 학생인 마이클 헤이즐Michael Hazel은 이렇게 말한다. "저는 세 군데—벌링턴 산업Burlington Industries, 유에스 오픈 골프 대회, 엘론 입학처—에서 인턴십 과정을 거치면서 대인관계 능력을 더 향상시킬 수 있었고, 팀 환경에서 일하는 방법도 배우게 되었습니다."

두 번째 엘론 체험과정은 봉사 윤리를 함양하기 위한 것으로, '커노들 봉사 학습 센터Kernodle Center for Service Learning'와 연계한 봉사 학습 과정이다. 4학년 학생 가운데 약 85퍼센트 가량이 최소한 한 개 이상의 봉사활동을 하고 있는데, 그 중에는 캠퍼스 내에서 헌혈 캠페인을 벌이거나, 도미니카 공화국이나 앨라배마에 가서 가난한 사람들을 위해 집을 지어주거나, 중남미 출신 이민자들에게 영어를 가르치거나, 워싱턴 D.C.의 노숙자에게 급식을 제공하는 것 등이 포함된다.

프레드 영 전 총장은 학생들에게 해외여행을 시킴으로써 지방색을 벗어던지고 세계 각국의 놀라운 문화, 종교, 언어적 다양성을 체득하도록 하는 것이 중요하다고 철두철미하게 믿고 있었다. 램버트 총장 역시 이에 동의했다. 그리하여 세 번째 엘론 체험과정은 해외에 가서 공부하는 과정으로 구성되었다. 오늘날 학부생들에게 최소 1개월에서 최대 1년까지 해외여행 및 외국 체류 기회를 부여하는 수많은 학교 가운데서도, 엘론은 그 참여자 비율이 미국 내 최고 수준이다. 엘론의 4학년 학생들 가운데 무려 62퍼센트 가량이 이와 같은 과정을 이수했다. 그 중 상당수는 겨울방학 동안에 단기 과정을 이수하는데, 그때마다 교수나 교직원 중 한 사람이 인솔자로 나선다.

사람들은 흔히 보통 이상의 지능과 재능을 지닌 젊은 학생들이 훗날 정부나 예술계, 사업계나 다른 분야에서 지도자의 자리에 서서 각자의 능력을 발휘했으면 하고 바란다. 엘론의 고위층과 교직원들은, 이러한 지도자 능력을 배우고 시험해 보는 데 있어서 규모가 큰 대학보다는 엘론 같은 소규모 칼리지가 더욱 안성맞춤이라고 생각한다. 그리하여 네 번째의 엘론 체험과정은 학생회 조직에서 지도자로 일하거나, 혹은 이사벨라 캐넌 리더십 프로그램에 참가하는 것으로 되어 있다. 이 프로그램에 참가한 1학년 학생들은 그들 각자에 대해 배우고 (각자의 장점과 약점, 가치관과 가장 깊은 내면까지도), 리더십 스타일을 연구한다. 2학년이 되면 이들은 협력 방법과 파트너십 형성, 갈등 조절 및 팀 조직법 등에 대해 배운다. 3학년이 되면 현 상태를 어떻게 하면 변화시킬 수 있을지를 주로 배우며, 4학년이 되면 각자의 리더십을 실천하게 된다. 즉, 그때가 되면 직접 캠퍼스 내의 조직이나 팀에서 활동하면서 행사를 조직하고, 후배들에게 지도 및 봉사 기술을 지도한다. 엘론의 4학년 학생 가운데 절반 이상은 졸업하기 전까지

 ☆ ★ ★ ★

최소한 한 가지 이상씩 리더십을 발휘해야 하는 지위에 있어 본 경험이 있다.

물론 좋은 학교라면 그 무엇보다도 지식을 추구하고 새로운 지식을 발견하는 것을 가장 중심적인 가치로 놓게 마련이다. 이에 부응하기 위해 가장 최근에 추가되었고, 또한 가장 빠른 속도로 성장하고 있는 마지막 엘론 체험과정은 학부생 연구 과정으로, 여기서는 학생들이 특정한 연구 과제를 놓고 교수진과 협력하거나, 혹은 단독으로 연구를 수행한다. 지금은 매년 300명 이상의 학생들이 각자의 연구에 대해 발표회를 갖고 있으며, 그 중 20여 명 가량은 매년 전국 대학생 연구 경연대회National Conference on Undergraduate Research에 논문을 제출하고 있다.

고객의 의견을 청취하라

★ ☆ ★ ☆ ★ ☆ ★

Monitoring the Clientele

일찍이 릴라 페이 리치가 학생들에 대한 연구를 처음 실시한 이래, 엘론의 지도자들과 교수진들은 종종 학생들에 대해 보다 조직적이고 포괄적인 형태의 연구를 실시해 왔다. UCLA에서는 매년 전국 대학의 신입생들을 대상으로 합동 대학 조사 프로젝트Cooperative Institutional Research Project를 실시하여 미국 전역의, 그리고 각 학교별 신입생들의 태도와 취향, 가치관 등을 파악하고 있다. 엘론의 지도자들은 이러한 연구 결과를 검토하여 미국 전역의 신입생들은 물론이고, 현재 엘론 신입생들의 성향을 파악하고 있다. 이에 덧붙여 '신입생 정책 센터 Policy Center on the First Year of College'에서도 매년 신입생들을 상대로 조사를 실시하는데, 이를 통해서는 주로 학생들이 엘론에 진학하기로 결정하게 된 동기를 파악한다.

또한 엘론에서는 매년 전체 학생을 대상으로 학교생활 및 학업에 있어서 만족 및 불만족 사항을 조사하고 있으며, 그 결과에서 나온 비판 및 제안을 토대로 개선을 도모하고 있다. 그 중에서도 중요한 것은 '4학년 만족도 조사Senior Satisfaction Surveys'로, 졸업을 앞둔 학생들로 하여금 엘론에서 보낸 여러 해를 돌이켜보며 장단점을 논하게 하는 것이다. 나아가 신입생들의 학부모들로부터 학생들의 체험을 더 향상시킬 수 있는 제안을 받고 있다. 가령 '학부모 회의'로부터 나온 제안에 따라 학생들의 보건 및 상담 제도가 강화되었고, 2학년 및 그 상위 학년들의 기숙사와 거주 문제가 더욱 향상되었으며, 방학 기간 동안에도 학교와 근처 공항 사이를 오가는 셔틀버스가 마련되었다. 엘론에서 이루어지는 조사는 최근 학내 조사실장이 된 로버트 스프링어Robert Springer가 실시 및 보고하는데, 그는 자신이 실시한 모든 조사를 조합하여 학생들 각자의 성향에 대해서는 물론이고, 엘론에서 지내는 그

 ☆ ★ ★ ★

들의 삶을 보다 더 정확히 파악해내기 위해 노력하고 있다. 스프링어는 이렇게 설명했다.

엘론의 교직원들은 학생들에 대한 정보는 물론이고, 학생들의 생각이나 학문적 발전에 대한 정보에 유난히 관심이 많습니다. 그리고 나아가 이에 대한 정보를 캠퍼스의 모든 사람들과 공유하고자 합니다.

학생들은 말한다

★ ☆ ★ ☆ ★ ☆ ★

From Their Mouths

학교 측에서 학생들의 정신과 복지, 그리고 인성 계발에 대해 쏟는 유별난 관심에 대해, 정작 엘론의 학생들 자신은 어떻게 생각하고 있을까? 토론 그룹이나, 캠퍼스에서 만난 학생들과의 대화를 통해 이런 의견을 듣는 것은 매우 특이한 체험이었다. 다른 대부분의 대학에서 학생들을 인터뷰할 때와는 달리, 엘론의 학생들이 내놓는 반응은 매우 긍정적이었다. 그 중 몇 명은 그야말로 입에 침이 마르도록 칭찬해 마지않았다. 회의적인 성향을 지닌 사람이라면 아마 엘론에서는 비판적인 사고와 이의 제기가 너무 부족하다고 주장할지도 모른다. 하지만 엘론의 학생들은 자신들이 무척이나 특별한 곳에서 생활하고, 행동하고, 공부하고 있다는 사실을 알고 있는 듯했다. 그래서인지 학생들은 자기 학교를 "엘론 동산Elon Bubble"이라고 불렀다.

이 말이야말로 그들이 일종의 '샹그리라Shangri-la'[14], 즉 뭔가 특이하면서도 무척이나 유쾌한 작은 낙원에 와 있음을, 각자가 마치 어린이와도 같은 극진한 대우를 받고 있음을, 몇몇 똑똑하고도 관심 많은 교수진과 이사진과 교직원들의 관심의 한가운데 있음을, 그리고 열과 성을 다하는 교수들로부터 수업을 듣고 있음을 의미했다. 취재 중에 엘론의 토론 그룹에서 나온 이야기와, 또한 학생들과 격의 없이 나눈 대화 중에 나온 이야기 가운데 일부를 소개하자면 다음과 같다.

"정말 대단해요. 교수님들이나 높은 양반들이 무슨 중요한 일만 있다 하면 우리한테 먼저 상의를 하니까요."

"생물학 강의를 들으면서 정말 서로 친해졌어요. 그래서 이번에 연구과제도 같이 하기로 했죠."

14) 미국의 소설가 제임스 힐튼(James Hilton)의 《잃어버린 지평선(The Lost Horizon)》(1933)에 나오는 히말라야의 이상향으로, 외부와 격리되어 그곳에 사는 사람들은 영원히 늙지도 않고 죽지도 않는다.

"솔직히 학교 옆에 있는 동네는 정말 안 좋아요. 하지만 캠퍼스 안은 끝내주게 활기가 넘치니, 뭐, 동네가 어떻든 무슨 상관이 있겠어요."

"저는 4학년 때까지도 일반교양과목 필수학점을 딸 수 있다는 게 마음에 들었어요."

"우리도 모든 위원회마다 참여할 수 있어요. 물론 교수나 교직원하고는 달리 종신직도 아니고 승진도 없긴 하지만요."

"수업 시간에 교수님들은 우리 나름대로의 생각과 이야기를 해 보라고 유도하시죠."

"이 학교 자체가 어찌나 학생 위주로 돌아가는지, 그야말로 말로 표현할 수가 없을 정도예요."

"한 번은 어느 여자 사회학 교수님을 따라 해외 연구조사를 다녀왔는데, 알고 보니 그 분은 보디빌딩 대회 우승자 출신이더라구요."

"학생회관 안에 음료수 판매점까지 만들어 놨다니까요."

"솔직히 어떤 교수님들은 좀 짜증나요. 그래도 대부분의 교수님들은 정말 끝내주죠."

"솔직히 저보다는 제 코치님이 더 저와 제 미래에 대해 걱정해 주는 것 같아요."

내가 인터뷰한 어느 학부모는 자기 아들이 졸업한 후에도 엘론에 다시 입학해서 다른 전공을 공부하고 싶다며 졸랐다고 이야기해 주기도 했다. 솔직히 나 같은 외부 관찰자가 보기엔 '이런 이야기가 정말 사실일까, 혹시 미리 짜고서 말하는 건 아닐까' 하는 의구심이 생길 정도였다. 하지만 이곳은 그야말로 만족스럽기 짝이 없는 '엘론 동산'이며, 이곳에서 생활하는 학생들은 실제로 기뻐서 어쩔 줄 모르겠다고 소리치는 듯했다.

인정을 받게 되다

★ ☆ ★ ☆ ★ ☆ ★

Recognition Comes

몇 년 전에, 인디애나 대학Indiana University의 고등교육 교수이자, 현재 미국 내 대학에서 벌어지는 학생 문제 분야의 전문가인 조지 커 박사Dr. George Kuh는 외부의 도움과 두 군데 재단으로부터의 자금을 바탕으로 전국 학생 참여도 연구조사National Survey of Student Engagement, NSSE라는 조사법을 마련했다. 이 연구조사의 목표는 대학 재학생들을 대상으로 각자의 학습 체험에 대한 생각을 알아내는 것이었다. 연구자들은 이른바 우수한 학부 교육에 기여한다고 생각되는 다섯 가지 기준을 설정했다. 힘겨운 학문적 도전, 적극적이고 협동적인 학습(수업 시간의 토론 및 발표, 팀별 과제, 적극성 등), 교수진과의 긴밀하고도 지속적인 의견 교환, 기타 교육 체험(인턴십, 해외 연수, 성향과 인종과 경제적 배경이 다른 학생들과의 대화 등), 그리고 '유익한 캠퍼스 환경'이었다. 이들은 6백여 개 이상의 칼리지와 대학에서 모두 14만 명의 학생들을 대상으로 처음 조사를 실시했으며, 지금도 매년 계속하고 있다.

위의 다섯 가지 조사 분야에 있어서, 엘론의 학생들은 만족도와 적극적 활동 면에서 꾸준히 NSSE의 평균치 이상의 높은 점수를 얻었다. 그리고 이 조사에 참여한 지 세 번째인 작년에는 NSSE 조사 연구자들이 이른바 "학생 참여 교육"이라 부른 항목에서 미국 내 상위 10퍼센트 내에 처음으로 진입했다. 그곳 연구자들이 생각하기에 진정한 학부 교육이란 학생들이 단순히 강의 시간에 노트 필기를 열심히 하고, 가끔 교수 연구실을 찾아간다고 해서 이루어지는 것은 아니었다. 오히려 진정한 대학 교육이라면, 광범위한 교육 활동과 교수진의 긴밀하고도 세심한 지원을 통해, 학생들을 열정적이고 연구중심적인 학자로 만들어야 하고, 또한 지역사회 및 전공분야의 지도자 감으로 만들어야 한다는 것이었다. 매년 이루어지는 조사에 참여한 엘론 재학생 가운데서는 무려 95퍼센트 가량이 자신들이 현재 받는 교육이 탁월하다거나 훌륭하다고 지속적으로 평가하는 것으로 나타났다.

이처럼 엘론은 분명히 학생 소비자들로부터 전폭적인 지지를 얻는데 성공한 것이다. 물론 재학생들 가운데는 냉소적인 태도를 취한 극소수도 없지 않았지만, 그 외의 대다수는 학교 측에서 자신들의 학습과 인성 계발에 무척이나 관심을 쏟고 있다는 사실을 잘 알고 있는 듯했다.

제4장

교과 수준의 향상

Elevating the Academics

★ ☆ ★ ☆ ★ ☆ ★ ☆ ★ ☆ ★ ☆

　램버트 총장과 교직원들은 엘론을 '참여 교육에 있어 전국적인 모범사례가 될 수 있도록' 하기 위해 지속적으로 의견을 교환해 왔다. 엘론이 그야말로 학생 위주로 운영되는 미국 내의 여러 칼리지 중에서도 가장 모범적인 사례 가운데 속한다는 것은 의심할 여지가 없다. 엘론에서는 대부분의 교수들이 학생들을 열성적으로 가르치고, 학생들과 함께 해외여행을 하고, 각종 연구 과제며 위원회며 사업을 통해 학생들과 긴밀하게 일하고 있다. 하지만 최근까지도 엘론을 가리켜 중요한 학문의 산실이라고 주장하는 사람은 거의 없다시피 했다. 교수진이 학생들의 발전에 전력투구한 덕분에, 학생들이 각자의 정신과

감성을 마음껏 펼치는 데에는 도움이 되었던 반면, 정작 연구나 새로운 분야의 학문적 업적을 이루는 데에는 시간적으로도 여유가 없었고, 또한 그렇게 하라는 압력을 받아오지도 않았던 것이다. 1990년대 중반까지만 해도 엘론의 교수진 가운데 외부로부터 중요한 연구 기금을 지원받는 사람은 단 한 사람도 없었다. 물론 강의나 교과과정, 그리고 교수법 향상을 위한 소규모 연구 기금을 지원받는 경우는 논외로 치고 말이다.

하지만 1999년에 램버트 박사가 총장으로 취임하면서부터, 엘론은 점차 교수진의 학문적 수준을 증대시키고, 아울러 학생들을 위한 지적인 기회와, 학생들을 향한 지적인 요구를 모두 늘리기 위해 새로운 방안을 도입하게 되었다. 램버트 총장은 확고부동한 신념뿐만 아니라 유연성 또한 갖고 있었다. 그는 이렇게 말했다. "그렇다고 엘론에 아주 획기적인 변화를 가져오려는 것은 아니었습니다. 다만 수도꼭지를 조금씩 틀어놓기 시작했던 거죠."

실제로 엘론의 지적 분위기를 향상시키려는 노력은 영 전 총장의 말년에 이미 시작된 바 있었다. 학교 측에서는 저명인사를 초청해 강연회를 여는 전통을 부활시켰고, 명예박사학위 수여제도를 오랫동안 실천해 왔다. 1990년대 말에 엘론은 교수진의 강의 부담을 학기 당 네 과목에서 세 과목으로 줄이는 대신, 교수 봉급은 오히려 인상시켰다. 최신식 과학관과 도서관을 신축한 것 역시 연구를 더욱 장려하고, 학술 발전에 도움이 되게 하기 위해서였다. 아울러 신입생들의 학업 수

 ☆ ★ ★ ★

준도 해마다 점점 높아지고 있었다.

1990년대 말에 엘론에서 학문적 업적을 향상시키는 데 결정적인 역할을 했던 인물은 당시 과학대학장이었던 로절린드 라이처드 박사Dr. Rosalind Reichard였다. 그녀는 1996년에 '학부생 연구 포럼Undergraduate Research Forum'의 창설을 주도했고, 그로부터 2년 뒤에는 이 과정을 다섯 번째의 '엘론 체험과정'으로 정착시킨 인물이기도 하다. 라이처드는 맥마이클 과학관의 설계에 관여했으며, 1998년에는 "발견의 목소리The Voices of Discovery"라는 제목으로 일련의 특강을 실시했다. 이 프로그램을 통해 스티븐 제이 굴드Stephen Jay Gould[15], 노벨상 수상자인 윌리엄 필립스William Phillips[16], 제인 구달Jane Goodall[17] 같은 과학적 발견의 혁신자들이 엘론에 와서 낮 동안에는 학생들과 함께 어울리고, 저녁에는 각자의 연구 내용에 대해 강연을 하곤 했다. 현재 엘론의 인문과학대학 부학장인 낸시 해리스Nancy Harris는 로절린드 라이처드야말로 엘론의 학문적인 분위기를 증진시킨 중요한 동력이었다고 극찬했다. "그분은 무척이나 존경을 받았습니다. 그분이 다른 칼리지의 교무 담당 부총장으로 초빙되어 가신다고 했을 때, 많은 사람들이 무척이나 아쉬워했으니까요."

15) 1941~2002. 미국의 생물학자 겸 과학저술가.
16) 1948년생. 미국의 물리학자로, 노벨 물리학상(1997년)을 수상했다.
17) 1934년생. 영국의 생물학자 겸 과학저술가. 침팬지 연구로 유명하다.

영 전 총장이 퇴임 의사를 밝힌 직후인 1998년 초, 당시 교무 담당 부총장이었던 줄리앤 메이어는 여섯 개의 실무 팀을 구성해서 엘론의 지적 분위기를 연구하도록 한 다음, 1998년 4월 4일에 '학술회의 Academic Summit'를 개최했다. 이 회의의 목적은 현재의 학문적 분위기를 파악하는 한편, '지적 분위기를 고양하는 방법'을 제안하는 데 있었다. 회의에 참석한 교수, 학생, 교직원들은 현재 엘론의 문화가 '지적 도전을 주기보다는, 오히려 지나치게 사회적 상호작용 위주'로만 이루어지고 있으며, 많은 학생들이 '과외 활동에 몰두한 나머지 수업 중의 과제나 진지한 학문적 연구는 오히려 소홀히 하는 성향'이 있음을 시인했다. 그리하여 회의 참석자들은 학문적 엄격성과 도전을 늘리고, 지적인 성취에 대해 이전보다 더 많은 보상과 치하의 기회를 부여하며, 전임교수의 수를 늘리고, 사회 활동과 지적 활동을 겸할 수 있는 기회를 늘리는 등의 몇 가지 변화를 제안했다. 하지만 이러한 제안의 결의문에서 한 가지 빠진 것이 있다면, 교수들 자신의 업적과 연구를 늘려야 할 필요성에 대한 언급이 전혀 없다는 점이었다. 실제로 대부분의 교수 가운데 연구 업적을 출판한 경우는 무척 드물었으며, 이는 1999년 이전에 나온 각 단과대학장의 연간 보고서에 나타난 교수별 출판 및 연구비 업적 내역에서도 뚜렷이 드러나고 있다.

수도꼭지를 틀다

★ ☆ ★ ☆ ★ ☆ ★

Opening the Valves

1999년에 램버트가 총장으로 부임한 직후, 적어도 이 지역에서만큼은 엘론을 각별하게 만들어 주었던 활동적이고도 실험적인 수업과 학습을 여전히 존중하는 동시에, 교수들의 업적과 연구를 더 심화시키고 확장시키며, 학생들의 지적이고 예술적인 성취를 위해 지원과 치하를 해 주어야 할 필요가 있음이 보다 분명해졌다. 신임 총장은 여러 방면으로 노력을 전개했다. 램버트는 교수를 신규 채용하는 것이야말로 학교가 내려야 하는 가장 중요한 결정이라고 믿고 있었다. 그와 프랜시스 교무처장은 지난 4년간 거의 60여 명에 가까운 교수를 신규 채용했는데, 일반적으로 전시효과까지 노려서 저명하고 나이 많은 교수를 뽑는 여타 대학들의 관행과는 달리, 그 대부분은 조교수 급의 젊은 인재들이었다.

엘론에서 새로운 교수 후보자를 심사하는 과정은 매우 철저했다. 각 후보자는 한 번씩 직접 학생들을 상대로 강의를 하고, 학생은 물론이고 향후 같은 과 동료가 될 다른 교수들로부터도 면밀히 심사를 받았으며, 각자의 학문적 관심과 업적을 교수진에게 설명해야만 했다. 이런 과정이야 그리 특이하다 할 것도 없었다. 하지만 무엇보다도 더 특이한 점은 그렇게 해서 선발된 신임 교수 지명자를 엘론이 훈련시

키고, 지도하고, 지원하는 과정이었다. 엘론에 온 신임 강사는 우선 1
주일간의 오리엔테이션을 받고 나서, 이후 매달 한 번씩 계속해서 오
리엔테이션을 받게 된다. 그리고 매번 선임 교수가 한 사람씩 그의 조
언자 역할을 해 주면서, 강의 기술을 연마하게 한다. 학장, 다른 동료
교수, 그리고 행정가들 역시 이들을 계속해서 점심식사에 초대한다.
학교 예산 가운데 일부는 신임 교수가 여름방학 동안의 여행 및 연구
비용으로 쓸 수 있도록 책정되어 있으며, 램버트는 이른바 비종신직
교수 가운데서도 각별히 장래가 촉망되는 사람에게 '우수 교수 기금'
으로 수여할 기금을 별도로 조성해 두었다.

엘론의 교수위원회가 마련한 〈엘론의 교수 겸 학자The Elon Teacher-
Scholar〉라는 유인물은 과도한 미사여구와 현학적인 문체가 좀 거슬리
긴 해도 문제의 핵심을 제대로 짚고 있다. 즉, 엘론에서는 무엇보다도
탁월한 강의를 우선으로 삼긴 하지만, 각자 나름대로의 강의 교수법
과 아울러 뚜렷한 업적 또한 병행되어야 한다는 것이다. 제리 프랜시
스 교무처장은 이렇게 말한다. "우리는 이제 업적을 이전보다도 더 중
요하게 생각하고 있습니다." 전 이사장이었던 49년도 졸업생 월리스
챈들러Wallace Chandler 역시 이렇게 말한다. "이제 우리가 중점을 두고
자 하는 것은 바로 학문 증진입니다."

신임 교수 지명자 가운데에는 벌써부터 엘론의 지적이고 예술적인
활동을 가속화시키는 사람도 있다. 그 중 한 명인 캐서린 맥닐러
Catherine McNeela는 오랜 세월 프로 연극계에서 활동한 인물로, 그녀가

엘론에서 시작한 뮤지컬 연기 과정은 미국 내의 다른 비슷한 과정 중에서도 단연 최고라는 격찬을 받고 있다. 내가 엘론을 방문하고 있던 당시에도, 재능이 뛰어난 싱가포르 출신의 어느 입시생이 이 뮤지컬 연기 과정에 들어오기 위해 실기시험을 치르고 있었다. 리처드 다마토Richard D'Amato는 엘론에 오자마자 혁신적인 엔지니어링 분야 전문대학원 예비과정을 시작했고, 곧이어 다섯 군데의 유명 대학과 교환학생 협정을 주도해 체결했다. 다마토는 요즘의 엔지니어링 전공 학생들이 '손재주가 전혀 없다'고 생각한 끝에, 판지와 비닐 쓰레기봉투만을 사용해 카누를 만들어 캠퍼스 호수에 띄우라는 과제를 자기 학생들에게 내주기도 했다. 엘리자베스 로저스Elizabeth Rogers는 본래 물리치료 훈련 과정에 있어 전국적으로 유명한 인물이었으며, 현재 물리치료요법으로 엘론에서 유일한 박사급 과정을 개설하고 있다. 물리치료사의 정식 박사학위 수여는 2020년께에 가능할 것으로 전망된다. 그녀가 속한 단과대학장은 이렇게 말한다.

본인도 탁월하지만, 그에 못지않게 훌륭한 조교수진을 대거 초빙해 왔습니다. 게다가 그녀가 신설한 과정은 단 한 건의 지적도 없이 CAPTE[18]로부터 승인을 받았습니다. CAPTE의 심사가 시작된 이래

18) 물리치료 교육 공인 위원회(Commission on Accreditation in Physical Therapy Education, CAPTE)의 줄임말.

처음 있는 일이라더군요.

마이클 스커비Michael Skube는 퓰리처상 평론 부문 수상자 출신으로, 현재 점차 커가고 있는 커뮤니케이션 스쿨의 교수로 재직하고 있다. 하이디 글래젤 프론테이니Heidi Glaesel Frontani는 스와힐리어에 능통한 지리학자로, 세계 수자원과 어업에 관한 여러 권의 저서를 펴낸 전문가이기도 하다. 또한 엘론에서는 장래가 촉망되는 몇몇 흑인 학자 겸 교수를 발굴했는데, 재무회계학과의 린다 폴슨Linda Poulson과 조셉 메레디스Joseph Meredith가 대표적이다. 특히 조셉 메레디스는 흑인으로서는 최초로 미시시피 대학University of Mississippi에 입학이 허가되었던 제임스 메레디스James Meredith[19]의 아들이기도 하다.

기존의 교수진들을 위해서는 안식년의 횟수가 늘어난 것을 비롯해서 교수 연구비, 학회 출장비, 그리고 신규 강의 준비비 등에 지원하는 금액이 더 늘어났다. 그런가 하면 석좌교수의 수도 이전보다 늘어나서, 현대 생활의 놀이 및 정서적 만족 분야의 권위자인 사회학자 토머스 헨드릭스Thomas Hendricks가 J. 얼 대니얼리 석좌교수J. Earl Danieley Chair'로, 그리고 엘론에서 오래 교수로 근무해 온 철학자 존 설리번John Sullivan과 영문학자 러셀 질Russell Gill이 나란히 '모드 샤프 파웰 석좌교수Maude Sharpe Powell Professorships'로 재직 중이다. 벨크 도서관의 자료

■ □

19) 1933~. 미국의 흑인 인권운동가.

 ☆ ★ ☆ ★

구입비 배정액은 1999년 이래 무려 세 배로 껑충 뛰었다. 또한 교수들은 학생들에게 해외 연수를 적극 권장하고 있다. 캠퍼스 내의 한 건물에는 이른바 '엘 센트로 데 에스파뇰El Centro de Espa?ol'로 명명된 강의실들이 몇 군데 있는데, 이곳은 에스파냐어로만 강의가 이루어지는 곳으로 학생, 교직원, 교수 등 누구에게나 개방되어 있다. 이곳을 관장하는 코스타리카 출신의 어학강사는 엘론에서 에스파냐어를 배우는 학생들이 더 많아졌으면 하는 바람을 표시했다.

사업, 재무, 기술 담당 부총장 제럴드 휘팅턴은 이렇게 말한다.

교수 채용이야말로 우리가 하는 일 중에서도 가장 중요한 것이라 할 수 있습니다. 훌륭한 프로그램과 탁월한 시설 역시 필수적이긴 하죠. 하지만 엘론 특유의 문화야말로 우리의 비교우위라고 할 수 있고, 따라서 그런 문화를 유지시킬 수 있는 적임자를 뽑는 것이야말로 필수적입니다.

대학의 구조개편

★ ☆ ★ ☆ ★ ☆ ★

Restructuring the College

리오 램버트가 총장직을 인계받은 1999년 1월 당시, 엘론 칼리지는 다섯 개 분야의 단과대학과 마사 앤드 스펜서 러브 비즈니스 스쿨 Martha and Spencer Love School of Business로 구성되어 있었다[20]. 그는 비즈니스 스쿨 이외에 지원자가 가장 많은 학과가 커뮤니케이션 및 언론학과Department of Communication and Journalism라는 것과, 교육학과 Department of Education의 규모가 크기 때문에 종종 "에듀케이션 스쿨"이라고 부른다는 사실을 알게 되었다. 그리하여 그는 커뮤니케이션학과와 교육학과를 러브 비즈니스 스쿨처럼 별도의 스쿨로 독립시키고, 여타의 인문 및 과학 관련학과를 하나의 인문교양 칼리지로 통합시키기로 작정했다. 그리하여 '엘론 칼리지'는 이제 인문교양 전공 칼리지 한 곳(엘론 칼리지라는 이름을 그대로 쓰기로 했다)과 비즈니스, 커뮤니케이션, 에듀케이션의 세 개 스쿨로 구성된 명실상부한 '엘론 대학'—이사진 가운데 몇 사람이 적극 추천하던 이름이었다—이 될 것이었다. 이를 두고 캠퍼스 안에서는 열띤, 그리고 감정적이기까지 한 논란이 벌어졌고, 이에 반대하는 목소리도 만만치 않았다. 그리고 한편으로는 웨이크 포리스트 대학Wake Forest University의 교무처장이었던 컨설턴트 에드윈 윌슨Edwin Wilson의 조언을 청취하기도 했다. 그리하여

---

20) '스쿨'은 보통 '전문대학원'으로 번역하지만, 엘론 대학에 현재 개설된 세 가지 스쿨은 모두 학부 과정을 중심으로 하면서, 필요에 따라 전문대학원 과정을 별도로 운영하고 있다(단 2006년 부터 시작되는 로스쿨은 석사과정의 전문대학원 과정만을 개설하고 있다). 따라서 이 책에서 '스쿨'은 종종 학부와 전문대학원 과정을 통칭하므로, 단순히 '학부'나 '전문대학원'으로 번역하기가 곤란하여 그냥 음역하기로 했다.

2001년 6월 1일자로 엘론 칼리지는 엘론 대학으로 개명하게 되었다.

엘론의 이름을 칼리지에서 대학으로 바꾸는 문제가 논의되던 동안, 램버트 총장과 프랜시스 교무처장은 그 당시 새로이 구성된 '신 미국 칼리지 연합Associated New American Colleges', 즉 ANAC에 가입하기 위해 동분서주하고 있었다. 1990년대 초에 결성된 이 연합체는 일찍이 캘리포니아 주의 레들랜즈 대학University of Redlands의 교무 담당 부총장을 역임하며, 보다 실용적이고 현대적인 인문교양 교육을 위해 노력하던 고故 프랭크 왕Frank Wong의 아이디어였다.

왕은 리드Reed나 칼턴Carleton, 혹은 스와스모어Swarthmore 같은 학교의 '순수한' 인문교양 교육과는 달리, 전통적인 인문교양 교과과정에 전문 교육, 전공 연구, 지역 및 사회봉사 활동을 적절히 배합한 새로운 교육방식을 제창했다. 1995년에 카네기 교육진흥재단Carnegie Foundation for the Advance of Teaching의 이사장이었던 고故 어니스트 보이어Ernest Boyer는 연구 중심 대학이 아닌 새로운 형태의 고등교육기관, 즉 학부교육 중심의 인문교양 칼리지나, 직업교육 중심의 주립 칼리지 및 대학이라는 개념에 큰 관심을 보인 바 있었다. 그리하여 보이어는 왕이 이끌던 소규모 모임을 뉴저지 주 프린스턴으로 초청해, ANAC를 조직하도록 지원했다.

ANAC에 소속된 학교는 중간 정도 규모(학생수 3천 명에서 7천 명까지)에, 인문교양 교육을 중심으로 하면서, 전문대학원 과정 및 전문대학원 예비과정과 실습 기회를 적절히 배합시키는 것이 특징이다. 즉,

교수 중심이 아니라 학생 중심의 풍조를 지닌 학교로서, 이곳의 교수는 업적과 연구 못지않게 학생들을 가르치는 데에도 전념해야 한다. 이러한 학교의 교육목표는 이론적인 지식뿐만 아니라 확고한 지식과 응용 능력도 겸비한 졸업생을 배출하여, 이들이 사회에 나가서도 각자의 지식을 건설적인 활동과 현명한 정책 결정에 사용할 수 있게 하는 것이었다.

램버트와 프랜시스는 ANAC의 목표야말로 엘론이 이미 추진 중이던 목표와 딱 맞아떨어진다고 생각하고, 이 연합회에 가입 신청을 해서 2000년 3월에 회원 자격을 얻었다. 오늘날 이 연합회에는 발파라이소Valparaiso, 햄린Hamline, 서스퀘해나Susquehanna, 데이턴Dayton, 햄턴Hampton, 그리고 레들랜즈 대학 등 20여 개의 학교가 회원으로 가입해 있다. 엘론은 ANAC에 가입한 직후에 다음과 같은 홍보자료를 배포했다.

엘론을 비롯한 ANAC 소속 학교들은 오늘날 미국 고등교육계에 제3의 교육 모델을 제공하고 있다. (……) 우리의 강점은 모든 재학생이 굳건한 인문교양의 기초를 닦을 수 있고, 아울러 학구적이고 학생 중심적인 캠퍼스 환경 속에서 우수한 전공과목과 연계시킬 수 있다는 점이다.

저명인사들로 구성된 ANAC의 위원단에서는 2년간의 연구 끝에 〈보다 막대한 유산 : 교육에 대한 새로운 전망Greater Expectations : A New

Vision of Learning〉이란 제목의 보고서를 내놓았다. 이 보고서에서는 향후 보다 많은 학교들이 ANAC 소속 20개 학교처럼 되어야 한다고 주장했는데, 왜냐하면 현재 미국의 고등교육에는 소규모 엘리트를 대상으로 한 인문교양 칼리지나, 대규모의 연구 중심적인 대학, 그리고 직업교육 중심의 전문직 대학 말고 그 이상의 무언가가 필요하기 때문이라고 했다.

본 위원단은 엘리트 교육기관의 재학생뿐 아니라 모든 학생들에게 우수한 인문교육을 실시하기 위해 전국적으로 새로운 움직임이 있어야 한다고 주장하는 바이다. (……) 전문직 교육—경영, 교육, 의학, 기술—역시 인문교육을 통해 접근되어야 한다.

이러한 대의를 바탕으로, 본 보고서는 이른바 인문교육과 실용교육이라는 두 가지 전통적이면서도 인위적인 구분이 종지부를 찍게 되기를 촉구하는 바이다. 학문이 단지 강의실에만 국한되지 말고 그 너머 세계의 중요한 문제까지 통찰하고, 학생들로 하여금 각자의 분석적 기술과 윤리적 판단을 바탕으로 중요한 문제에 대해 판단하도록 요청함으로써, 모든 분야에 있어 인문교육은 매우 강한 영향력을 발휘할 수 있을 것이다. (……) 개인적 능력 못지않게 협동을, 학습의 수단이 될 수 있는 다양성을, 갑작스러운 문제에 대한 진정한 해결책을, 비판적 사고 못지않게 창의성을 중시함으로써, 이 새로운 실용적인 인문교육은 학생들로 하여금 역동적인 경제에 대한 준비를 시킴과 아울러, 국내에서나 국외에서나 시민으로서의 능력을 형성시켜 줄 것이다.

미래를 위한 계획

★ ☆ ★ ☆ ★ ☆ ★

Planning for the Coming Decades

영 전 총장이 재임하던 시절에 세워놓은 계획은 이후 엘론이 우선 순위를 설정하고 결정을 내릴 때 지침이 되었으며, 이사진 가운데 여러 사람이 이러한 방식을 강력히 지지해 왔다. 그리고 캠퍼스에 있는 사람들도 대부분 1994년에 세워진 전략계획인 일명 '엘론 비전'이 매우 유용한 청사진이라고 생각했다. 하지만 1998년이 되자 그 중 대부분은 이미 완수되고 말았다. 따라서 램버트가 1999년 1월에 총장으로 부임함과 동시에, 그와 이사회는 불가피하게 21세기의 처음 10년을 위한 새로운 행동전략을 세워야만 되었다. 이사장 노엘 앨런은 이렇게 말한다. "우리는 모퉁이에 도달하면 꼭 먼저 주위를 살펴보곤 했으니까요."

그러나 신임 총장이 제안한 내용을 본 어떤 사람들은 그야말로 깜짝 놀라고 말았다. 1999년부터 2000년 사이에 그는 세 가지 서로 다른 계획을 거의 동시에 내놓았던 것이다. 그 중 하나는 1999년에 수립

 ☆ ★ ☆ ★

된 '테크놀로지를 위한 엘론 비전Elon Vision for Technology'이었다. 이 3개년 계획은 램버트가 부임한 직후에, 외부의 컨설팅 그룹으로부터 도움을 받아 교수진으로 하여금 각자의 강의에 기술적인 부분을 도입하도록 하는 연수회가 연달아 개최되면서 시작되었다. 1999년 10월에 이사진에 의해 채택된 이 계획은 행정 업무용 컴퓨터 시스템의 성능을 높이고, 캠퍼스 내의 모든 건물을 온라인으로 연계하며, 교육용 컴퓨터 사용을 지원하는 전담 교직원을 늘리며, 벨크 도서관에서 무선 노트북을 사용하게 하고, 향후 3년에 걸쳐 컴퓨터를 신형으로 교체하며, 누구나 자유롭게 드나들며 최신 하드웨어와 소프트웨어를 사용할 수 있는 테크놀로지 센터Technology Center를 세우는 것 등으로 되어 있었다.

엘론은 새로운 커뮤니케이션 기술을 교육적인 용도로 사용하는 데 자신들이 한발 늦었다는 사실을 인식하고, 뒤늦게나마 이를 따라잡기 위해 비용과 시간을 투입하기로 했다. 엘론에는 여전히 최고정보관리 책임자CIO가 없었고, 비록 학생들은 캠퍼스 안에서 컴퓨터를 사용하는 데 있어 익숙해 있었지만, 일부 교수들은 자신의 수업에 이런 최신 기술을 도입하는 것을 탐탁찮아 했다. 어느 외부 전문가의 평에 따르면, 다른 학교들과 마찬가지로 엘론 역시 학생, 교직원, 교수진을 위해서 온갖 종류의 신기술을 무조건 도입하기는 했지만, 정작 이러한 커뮤니케이션 혁명의 이점을 가지고 어떻게 교육을 재구성할 것인지에 대해서는 아직 방법을 찾지 못했다.

정보기술에 대한 노력을 보다 긴밀하게 연계시킴으로써, 이 대학의 교육적 사명의 일부로써 만들어야 할 필요가 있습니다. (……) 지금 엘론에 필요한 사람은 이러한 정보기술의 비전을 대학이라는 커다란 천 속에 함께 짜 넣을 만한 인물입니다.

두 번째로 추진하는 계획은 보다 향상된 설비 관련 종합계획이었다. 입학생 수가 늘어나면서 학교 내에 강의실이 부족하게 되었던 것이다. 아울러 오래 된 일부 건물은 개선공사가 필요했고, 새로운 건물을 세워야 했으며, 몇몇 야외활동 공간도 새로 설계해야 했다. 엘론 측은 약 70만 평에 달하는 기존 캠퍼스의 매력적인 외관을 그대로 유지하면서도, 필요한 시설을 확장할 수 있는 종합계획을 마련해 줄 만한 적절한 업체를 수소문했다.

그리하여 찾아낸 회사가 펜실베이니아 주 베슬리헴에 위치한 스필먼 파머Spillman Farmer라는 건축회사였는데, 이곳은 이전에도 다른 대학과 일한 경험이 있었다. 즉, 엘론의 재무 담당 부총장인 휘팅턴이 이전에 근무하던 애틀랜타의 애그니스 스콧 칼리지를 비롯해서, 일리노이 주의 레이크 포리스트 칼리지Lake Forest College와 이 회사 근처에 위치한 서스쿼해나 대학을 비롯해 10여 군데의 소규모 사립 칼리지와 일한 바 있었다.

스필먼 파머와 계약을 체결한 직후, 이것이야말로 엘론에게는 뜻밖의 행운이었음이 밝혀졌다. 로버트 스필먼은 이렇게 말한다. "우리 회사는 이런 식의 작업을 시작하기 전에 우선적으로 그 학교의 핵심적인 개인 및 집단의 의견을 충분히 청취하는 식으로 일하곤 했습니다. 그런 정보를 통해 먼저 배우는 거죠. 그렇게 정보를 수집하는 것이야말로 계획을 세우는 데 있어 가장 중요한 요소입니다.” 그는 계획을 담당한 동료 댄 해리건Dan Harrigan과 함께 폭넓게 인터뷰를 수행하고, 가능한 디자인을 스케치하고(한때 수영선수로도 명성을 날렸던 해리건은 매우 뛰어난 스케치 실력을 자랑했다), 참신하고도 과감한 아이디어와 전통적인 디자인을 조화시킨 종합계획을 만들어냈다. 이 계획은 엘론이 채택하고 있는 아늑한 공동체 생활을 유지하는 한편, 학생들의 발전에도 각별히 초점을 맞춘 것이었다.

스필먼은 엘론에서의 작업이 “이 분야의 일을 시작한 이래 가장 만족스러웠던 것 가운데 하나”라고 말한다. 그는 많은 사람들이 적극적으로 참신한 제안을 내놓았으며, 일하는 내내 동등한 지휘권을 부여받았으며, 모두들 학생들과 그들의 삶의 질에 대해 솔직하게 걱정했다고 말했다. ‘학술촌’이야말로 이 회사가 내놓은 참신한 아이디어 가운데 하나였고, 램버트 총장은 이 계획을 적극적으로 받아들였다. 종합계획은 몇 가지 건물을 새로 추가하거나, 이전하는 내용을 담고 있다. 이에 따르면 새로운 비즈니스 스쿨 건물과 학술대회용 숙소를 짓고, 추가로 기숙사와 대형 강당을 세우며, 대형 식품점과 주차장이 있던 캠퍼스 서쪽의 부지에는 새로운 물리학 연구소와 인쇄소가 들어설 예정이었다. 스필먼은 또한 엘론의 학교 지도자들과 그 지역 지도자들이 합의하여 캠퍼스 인근 마을에 매력적인 쇼핑 지역을 발전시키는 방안을 비롯해서, 캠퍼스 북쪽의 우회로에서 이어지는 새로운 출입로를 만들고, 오래 된 기숙사 건물들이 늘어선 조던 센터Jordan Center를 개축할 것을 제안했다.

이 종합계획은 좋은 반응을 얻었다. 비록 카우리 비즈니스 스쿨의 새로운 건물 위치가 최근에 가서야 이전되긴 했지만 말이다. 스필먼 파머의 건축 스타일은 프랭크 게리Frank Gehry[21]처럼 화려하지는 않았지만, 새로 지어진 건물의 구조나 재질이나 창문이나 외관을 캠퍼스 내에 있던 기존의 건축과 외양에 최대한 가깝게 만들어놓았다.

아울러 새로운 기술 및 물리학 연구소 설립 계획이 점차 무르익음과 동시에, 학교의 고위직과 교수와 학생과 교직원은 다시 한 번 모임을 갖고 이른바 '엘론 신세기NewCentury·Elon'라는 새로운 전략 계획을 수립했다. 그런데 이 계획을 수립한 사람들은 지나치다 싶을 정도로 야심에 가득 차 있어서, 그로 인해 문제가 발생하고 말았다.

21) 1929~. 미국의 건축가

 ☆ ★ ☆ ★

내일을 향한 새로운 방향

New Directions for Tomorrow

2000년 말에 나온 이 전략 계획은 사실상 지나치게 산발적이고, 과장된 면이 있었으며, 무려 7가지 목표와 45가지 실천과제를 열거하고 있었다. 이 계획은 운영상의 개선 요망사항과 진짜 전략적 우선순위를 뒤섞어놓은 반면, 정작 기술 및 그 새로운 활용 가능성에 대한 언급은 없었다. 이 계획에서는 다섯 개의 새로운 건물—비즈니스 스쿨 건물, 학생용 숙소, 새로운 시청각 센터, 보건소, 그리고 농구경기나 실내 졸업식 행사 등에 사용될 강당—을 짓는 것을 비롯해서, 새로운 육상트랙을 설치하는 등 몇 가지 개선공사를 제안했다. 교과과정에 있어서는 보다 핵심교과 과정과 우수학생 과정의 개선을 촉구하는 한편, 취업정보실 운영과 대외홍보 전략의 활성화, 그리고 대학원 과정의 확대 등을 논의하고 있었다.

'엘론 신세기'의 초안에서는 세 곳의 새로운 학술센터(환경 연구, 국제 연구, 그리고 혁신적 교육 및 공부법 연구를 위한)와 아울러 정책 및 시사 연구소, 그리고 정보기술 스쿨의 신설을 주장하고 있었다. 아울러 에듀케이션 스쿨과 커뮤니케이션 스쿨, 그리고 신설된 인문학부인 엘론 칼리지를 유지하기 위해 새로운 기금을 마련해야 할 필요성도 커졌다. 뿐만 아니라 새로운 교수 연구기금 및 학생 장학금을 위해,

교수 월급을 늘리고 안식년을 더욱 늘리기 위해, 그리고 학생들의 해외 연수를 지원하기 위해서도 새로운 기금 마련이 절실해졌다. 이 모든 것을 충당하기 위해, 계획 입안자들은 보다 적극적이고 효과적인 기금 마련 프로그램을 주장했는데, 비교적 낮은 동창들의 기부금 비율을 무려 40퍼센트 선까지 끌어올림으로써 엘론의 기금액을 무려 두 배로 만든다는 것이었다. '엘론 신세기'는 또한 비즈니스 스쿨과 커뮤니케이션 스쿨에서 국가 공인 전문대학원 인증을 받기만 하면, 이후 학생들이 공익사업이나 인턴십 또는 해외연수를 할 기회가 더 늘어날 것이라고 주장하고 있었다.

그러나 이사인 노엘 앨런이 이끄는 계획 팀이 내놓은 이와 같은 계획은 무려 2억 5천 만 달러나 되는 자금을 더 필요로 하면서도, 정작 뭔가 초점도 없고 분명한 우선순위도 없어 보였다.

2002년 2월, 남부 대학연합Southern Association of Colleges and Schools, SACS의 심사용으로 제작된 '자체보고서'에서는 작성자가 아래와 같은 솔직한 질문을 던지기도 했다.

지금 엘론은 어디로 가고 있는가? 발전과 명성이라는 미명하에 다른 학교와 더욱 비슷하게 변할 것인가, 아니면 계속해서 엘론 특유의 모습으로 남을 것인가? (……) 과연 이 대학을 위한 독특한 길은 존재하는가? 만약 그렇다면, 이 학교는 어떻게 해서 그것을 정의하려 하는가? (……) 보다 강력한 엘론이 되기 위해서는 어떻게 해야 하는가?

 ★ ★ ★ ★

2000년도의 계획 팀이 정도를 벗어나서 헤매고 있다는 사실을 직감한 엘론의 고위층과 교수진은 이 팀이 내놓은 전략 실천과제 가운데 상당수를 받아들이면서도, 최종적으로는 이전에 비해서 훨씬 적은 3가지 목표와 실천과제만을 채택하는 식으로 애초의 계획을 대폭 축소시켰다. 무엇보다 중요한 사실은, 그 과정에서 학문적 자질 및 연구 활동의 향상에 특별히 집중함으로써, 이 계획에 보다 뚜렷한 초점을 부여했다는 점이었다. 또한 이들은 기술 및 시설 계획에서 몇 가지 새로운 아이디어를 집어넣었고, 한 가지 새로운 과제인 파이베타카파 지부의 설립과, 논란이 된 로스쿨의 설립을 추가했다. 이렇게 개정된 전략계획은 결국 시작 단계에서 무려 2년이 지난 뒤인 2002년에 가서야 〈엘론 신세기 : 탁월함을 향한 청사진〉이란 제목의 소책자로 발간되었다.

세 가지 목표는 단순했다. 학문적 실력을 증진하고, 학생 생활에 필요한 새로운 시설을 제공하고, 그 다음 단계로 나아갈 수 있도록 가능한 자원을 모두 모으는 것이었다. 하지만 이러한 목표 아래에는 향후 수십 년 간에 걸쳐 엘론의 학술 및 연구 수준을 향상시킨다는 굳은 다짐이 자리 잡고 있었다. 전략계획에 따르면 이러한 목표를 이루기 위해서는 우수학생 과정을 개편하고, 도서관과 학생 친목단체와 기술 도입 등에 투여되는 비용을 늘리고, 학문적으로 장래가 촉망되는 교수진을 더욱 늘리고, 다섯 가지 엘론 체험과정을 심화시키고, 신설된 커뮤니케이션 스쿨과 그보다 오래 된 러브 비즈니스 스쿨의 전문대학원 인증을 받아내는 등의 조치가 필요하다는 것이었다. 그 중에서도 가장 주목할 만한 것은 이른바 인문교양 교육을 강화하고자 하는 램버트 총장의 편애에서 기인한 것으로, 즉 엘론을 '인문과학을 중심에 놓은 대학으로' 만들자는 것이었다. 그렇게 하기 위해서 '엘론 신세기' 계획의 초안에는 들어 있지 않았던 두 가지 항목이 추가되었다.

하나는 건축가 스필먼이 제안했던 것처럼 인문교양 담당 교수들이 거주하며, 그들의 강의에 더욱 적합한 교실을 제공할 수 있도록 '학술촌'을 건립하는 것이었다. 또 다른 하나는 파이베타카파 지부를 설립함으로써, 이 우수한 남학생 클럽이 이미 개설된 미국 내 270개의 유명 대학과 어깨를 나란히 하는 것이었다. 그런가 하면 두 번째와 세 번째 목표—최신식 설비 제공과 더 많은 재정 자원 확보 —는 원래의 계획 팀이 내놓은 실천과제와 크게 다르지 않았지만, 그 중 새로운 자원에 대한 부분에서는 일부 구체적인 사항이 빠지고 몇 가지 새로운 내용을 추가했다.

한시가 급하다

★ ☆ ★ ☆ ★ ☆ ★

Wasting No Time

지난 몇 년 동안 엘론 대학은 '신세기' 계획의 수정판이 만들어지는 와중에도 그 실천을 위해 분주하게 움직여 왔다. 학교의 강의 수준과 연구 강도를 향상시키기 위해 채택된 각종 실천과제는 그야말로 입이 딱 벌어질 지경이었다. 화학 교수인 댄 라이트Dan Wright가 책임을 맡고 있는 우수학생 과정Honors Program은 보다 규모가 축소되고 더욱 엄격해졌다. 이 과정에서는 40개의 우수 장학금Honors Scholarships이 신설되어 각자의 성적에 따라 최소 9,500달러 이상씩을 지급받게 되고, '학술촌' 내에는 멋진 '장학생관Honors Pavilion이 설립되어 그 중 선발된 22명의 학생이 머물게 되었다. 파이베타카파 설립을 추진하는 일은 영문학 교수인 러셀 질Russell Gill이 주도하게 되었는데, 엘론의 현재 학생 가운데 인문교양 쪽 전공에 관심 있는 학생은 불과 40퍼센트뿐이고, 엘론의 현 교수진 가운데 파이베타카파 회원 출신은 불과 10퍼센트뿐이기 때문에, 그로선 시작하자마자 곤란한 지경에 빠지게 되었다.

하지만 램버트 총장은 이를 지원하는 차원에서 과학, 인문학, 사회과학 및 예술 분야의 전공을 희망하는 사람들을 위해 35개나 되는 장학금을 신설했다. 질은 엘론이 2003년에 파이베타카파 설립 신청을 할 것이긴 하지만, 물론 쉽지는 않을 것이고, 상당히 장기간에 걸친 노력이 필요할 것이라고 시인했다. 그는 이렇게 말했다. "금방 가입되기는 힘들더라도, 파이베타카파의 설립 자격을 얻기 위한 과정 자체만 해도 엘론에는 오히려 큰 도움이 될 겁니다."

또한 저명한 지도자들과 공연예술단체를 초청하기 위한 추가 자금도 배정되었다. 엘론의 학생들과 교수들은 이스라엘의 에후드 바라크Ehud Barak[22], 폴란드의 레흐 바웬사Lech Walesa[23], 남아프리카의 노벨평화상 수상자인 데즈먼드 투투Desmond Tutu[24], 코스타리카의 오스카 아리아스Oscar Arias[25], 파키스탄의 베나지르 부토Benazir Bhutto[26], 그리고 조지 부시George Bush 전직 대통령 같은 정치 지도자들, 데이비드 매컬로우David McCullough[27], 도리스 컨스 굿윈Doris Kearns Goodwin[28], 데이비드 핼버스탬David Halberstam[29] 같은 작가들, 상하이 발레단Shanghai Ballet과 런던의 뉴빅 시어터New Vic Theatre 같은 공연예술단체, 그리고 영화감독 스파이크 리Spike Lee[30] 같은 명사들을 캠퍼스에서 만났다. 또한 엘론은 모두 15개에 달하는 5주간의 온라인 여름 계절학기 과정을 개설했다. 신입생의 SAT 평균점수는 5년 전의 1,085점에서 2002~2003학년도에는 1,150점으로 올랐고, 엘론이 점점 더 명성을

22) 1942년생. 이스라엘의 정치가로 이스라엘 총리(1999~2001)를 역임했다.

23) 1943년생. 폴란드의 노조 지도자 겸 정치가로 초대 대통령(1990~1995)을 역임했다.

24) 1931년생. 남아프리카공화국의 기독교 성직자 겸 인권운동가로, 노벨평화상(1984년)을 수상했다.

25) 1940년생. 코스타리카의 정치가로 대통령(1986~1990)을 역임했으며, 노벨평화상(1987년)을 수상했다.

26) 1953년생. 파키스탄의 여성 정치가로 총리(1988~1991)를 역임했다.

27) 1933년생. 미국의 역사가 겸 작가로, 퓰리처상을 2회(1993, 2002년) 수상했다.

28) 1943년생. 미국의 여성 역사가 겸 작가로, 퓰리처상(1995)을 수상했다.

29) 1934년생. 미국의 언론인 겸 작가로, 퓰리처상(1964)을 수상했다.

30) 1957년생. 미국의 흑인 영화감독.

얻게 됨에 따라 앞으로도 점점 더 오를 것으로 예상된다. 그리고 과학이나 엔지니어링 쪽을 전공하지 않는 학생들에게는 통계학이 필수과목으로 추가되었다.

엘론의 네 가지 학부—비즈니스, 에듀케이션, 커뮤니케이션 스쿨과 그리고 인문과학대학인 엘론 칼리지—는 각기 실력에 있어 더욱 훌륭한 평판을 얻기 위해 바쁘게 움직이고 있다. 비즈니스 스쿨의 학장인 존 버브리지John Burbridge는 2004년 2월에 AACSB, 즉 세계 경영전문대학원 협회Association to Advance Collegiate Schools of Business[31] 측으로부터 인증심사차 방문을 받을 예정으로 있다[32]. 버브리지 박사는 이를 위해 두 군데의 외부 기관에 검토를 의뢰했다. 그리고 양쪽 모두에서는 비즈니스 스쿨의 교수진이 업적 및 연구 실적에 더욱 신경을 써야 하며, 아울러 비즈니스 스쿨의 세 가지 학과인 경제학, 경영학, 그리고 재무회계학 분야에서 주목할 만한 업적을 올릴 수 있는 강력한 교수진이 필요하다는 조언을 해 왔다. 램버트 총장은 곧바로 버브리지 학장에게 세 개의 교수직을 추가 신설하도록 했다. 그리고 버브리지 학장은 2001년부터 2003년까지 모두 11명의 새로운 교수진을 채용했다. 이로써 비즈니스 스쿨은 보다 향상되고 변화될 수 있었다.

---

31) EQUIS, AMBA 등과 함께 대표적인 경영전문대학원 인증기관 중 하나이며, 현재 한국에서 AACSB의 인증을 받은 비즈니스 스쿨은 서울대, KAIST, 고려대 세 곳뿐이다.
32) 엘론의 비즈니스 스쿨은 2004년 4월 8일자로 AACSB의 인증을 받았다.

이에 비하면 에듀케이션 스쿨은 일찍이 공인을 받았고, 이곳의 졸업생들은 사회에 나가서도 우수한 인재로 대접받고 있었다. 에듀케이션 스쿨 졸업생 가운데는 그 지역 및 주에서 선정하는 '올해의 교사상 Teachers of the Year'에 선정된 사람도 있었다. 가령 1987년에 '전국 올해의 교사상National Teachers of the Year' 수상자도 바로 엘론 졸업생이었다. 그리고 엘론은 재학생에게 1만 3천 달러의 장학금을 지급하는 우수학생 과정인 '노스캐롤라이나 주 교육장학금North Carolina Teaching Fellows' 과정에 치열한 경쟁을 뚫고 선정되었는데, 여기 포함된 학교 가운데 사립은 엘론을 제외하면 단 한 곳뿐이었다. 겸손한 성격의 F. 제럴드 딜러쇼F. Gerald Dillashaw 학장은 이렇게 말한다. "우리의 교과 과정은 매우 실무중심적입니다. 그래서 훌륭한 교육 방법을 가르치는 것과, 연구 및 업적 향상을 위한 요구 사이에 긴장이 없지 않죠."

커뮤니케이션 스쿨은 이전에 도서관으로 사용되던 위풍당당한 매키언 관McEwen Building의 한켠에 자리 잡고 있었다. 이 건물의 외관은 밝은 색으로 개축되었는데, 그것은 보다 점잖고 품위 있어 보이는 캠퍼스 내의 다른 건물들의 외관에 비해 오히려 튀어보였다. 이곳의 학장인 폴 파슨스Paul Parsons 역시 비교적 최근에 임명된 사람으로, 머리가 벗겨진 매력적이고 솔직하며 또렷한 말투를 구사하는 중서부 출신 인물이었다. "그야말로 천국에 온 기분입니다. 우리 스쿨의 교수진은 하나같이 대단한 실력파들이거든요." 850명의 전공 학생들이 있는 커뮤니케이션 스쿨은 현재 캠퍼스 안에서도 가장 인기 있는 학문의 중심지이다. 이곳 학생들은 훌륭한 주간신문을 제작하고, FM 라디오 방송국을 운영하고, 격주간 TV 뉴스와 쇼를 진행한다. 인증 심사를 앞둔 상태에서, 파슨스 학장은 지난 18개월 동안 교수진과 함께 2003년에 신설된 스쿨의 교과과정을 개선하는 작업을 해 오고 있었다. 새로운 교과과정은 기술과 엔지니어링보다도 아이디어와 정보의 컨텐츠를 더욱 강조했으며, 훌륭한 글쓰기와 말하기 능력을 강조하고, 각 전공마다 실무 인턴십을 필수적으로 거치도록 했으며, 학생들에게 커뮤니케이션 스쿨 외에 특히 인문교양학부 쪽의 과목을 80시간 이상 수강하도록 요구하는 것이었다. 새로운 교과과정은 언론, 방송 및 뉴미디어, 기업 홍보, 영화와 같은 네 가지 전공을 두고 있었다.

최근 재편성된 인문과학대학인 엘론 칼리지의 스티븐 하우스Steven House 학장 역시 최근 새로 부임한 참이었다. 생리학자인 그는 컬럼비아 대학Columbia University과 시튼 홀 대학Seton Hall University에서 강의한 바 있었고, 현재 엘론의 다른 네 학장들—이들은 매주 수요일마다 함께 점심식사를 하곤 했다—보다도 더욱 적극적이고 활기에 넘쳐 있었다. 그는 참여 학습이라는 엘론의 방식에 무척이나 매혹되어 있었으며, 기존의 교수진들을 독려해 보다 생산적인 학자가 되도록 하겠다는 포부를 갖고 있었다.

향후 10년 동안이야말로 이 학교의 학문적 평판을 크게 향상시킬 좋은 기회라는 사실은 엘론의 교수들 역시 인정하는 바였다. 2000년부터 현재까지 매년 발간되는 교수 업적 보고서에 따르면, 학술 논문과 문학 작품, 외부 연구비 유치, 학술대회에서의 주제발표가 크게 늘어났으며, 아울러 현재 엘론 대학의 235명에 달하는 정교수들이 한 해에 5~8권 가량의 저서를 펴내는 것으로 나왔다. 그리하여 이제는 학생들의 발전에 대한 관심과 아울러, 지적이고 예술적인 풍조 역시 엘론 대학의 특징 가운데 하나로 자리를 잡게 되었다.

제5장
재정 확보 전략
Financing the Rise

★ ☆ ★ ☆ ★ ☆ ★ ☆ ★ ☆ ★ ☆

　엘론은 종종 다음과 같은 질문을 받곤 한다. 비슷한 규모의 다른 학교에 비해 기부금도 터무니없이 적고, 등록금도 싼 편에 속하는 엘론 대학이 도대체 어떻게 해서 그저 그런 대학에서 이렇게 전국적인 주목을 받으며 지원자 수를 크게 늘리는 학교가 될 수 있었는가? 그렇게 적은 돈으로, 유력한 후원자도 전혀 없이, 도대체 어떻게 해서 엘론은 그렇게 빠른 시일 내에 변화할 수 있었는가? 도대체 어떻게 해서 그들은 그렇게 두각을 나타낼 수 있었는가?

　외관상으로는 그저 기적 같아 보이는 사건이지만, 엘론이 이를 위해 사용하는 방법은 알고 보면 한두 가지가 아니다. 하지만 이 학교가

그와 같은 성취를 이루는 과정에서 현재 사업, 재무, 기술 담당 부총
장으로 재직 중인 54세의 제럴드 휘팅턴 한 사람의 공이 막대했음은
모두가 인정하는 바이다. 어떤 사람들은 그를 가리켜 서슴없이 '천재
적인', '무척이나 꼼꼼한', '신중하면서도 대담한' 인물이라고 격찬해
마지않았다. 전 이사장 월리스 챈들러는 "제리야말로 미국 고등교육
계에서 활동하는 재무 담당 부총장 가운데 그야말로 최고수급"이라고
확신하고 있었다.

2003년 2월 교수회의 당시, 경기 후퇴로 인해 엘론이 주로 기금을
투자하고 있는 주식시장이 침체된 반면, 학생 장학금을 늘리고 교수
월급을 인상함(2002년에만 해도 무려 10퍼센트가 올랐는데, 이러한 인
상폭은 미국 내에서도 네 번째, 즉 듀크, 웨이크 포리스트, 데이비드슨 다
음으로 큰 것이었다)에 따라 혹시나 향후 비용 절감 등의 조치가 있지
는 않을지 우려하던 교수들이 휘팅턴을 향해 이 문제를 질의한 적이
있었다. 그러자 휘팅턴은 이런저런 사업에 있어서는 앞으로 예산이
빠듯해질 수도 있다는 사실을 시인하면서도, 그럼에도 불구하고 엘론
의 재정이 아직까지는 튼튼한 상태임을 자세히 설명해 주었다. 그가
이 말을 마치자, 교수진은 모두 자리에서 일어나 그에게 기립박수를
보냈다. 솔직히 오늘날 미국 각 대학의 재무 담당 부총장 중에 이와
같은 격찬의 대상이 되는 사람이 얼마나 되겠는가?

휘팅턴은 군인의 아들로 태어나 어린 시절부터 방방곡곡으로 이사
를 다녀야 했으며, 노스캐롤라이나 대학 채플힐 캠퍼스 재학 시절에

는 음악과 성악을 선택 과목으로 수강하기도 했다(그는 뛰어난 바리톤이어서, 지금도 1년에 약 15회 가량은 공연 무대에 서곤 한다). 듀크 대학에서 경영학석사MBA 학위를 취득한 뒤, 그는 고등교육기관의 재무 및 회계 담당자라는 특수한 분야에 입문하게 되었다. 그리고 34세 때 애틀랜타 교외에 위치한 학생 600명 규모의 애그니스 스콧 칼리지에 부총장으로 초빙되었다. 1991년에 이르러 그는 이보다 좀 더 큰 도전의 기회를 생각하고 있던 차에, 마침 엘론의 공개 채용 소식을 듣게 되었다. 그는 이에 지원했고, 결국 1992년 1월 1일자로 신임 부총장에 임명되었다. 그 당시 엘론 칼리지는 학생 3,227명 규모에 연간 예산은 3,250만 달러, 그리고 보유 기금은 1,400만 달러가 채 못 되는 빈약한 수준이었다.

휘팅턴은 부임하자마자 행정 처리용 컴퓨터 시스템부터 시작해서 기금의 투자 방법에 이르기까지 모든 것을 현대화하기 시작했다. 그는 엘론을 동부에서도 가장 훌륭한 칼리지 가운데 하나로 만들겠다는 영 총장의 꿈을 적극 지지하면서도, 한편으로는 지금까지 엘론이 배출한 졸업생 가운데 대부분이 교사나 사무직, 그리고 중견 사업가 정도이고, 거액의 기부금을 내놓을 만큼의 정말 부유한 동문은 거의 없다는 사실 때문에 답답했다. 엘론의 이사진 또한 관대하고 헌신적이긴 했지만, 막대한 재산을 지닌 사람은 없었다. 그리고 다른 무엇보다도 1992년 당시 엘론의 지도자들과 이사진들은 엘론의 발전을 위해 필요한 자금을 항상 외부에서 빌려와야만 한다는 사실을 매우 언짢게 생각하고 있었다.

그런 한편으로 휘팅턴은 영 총장이 엘론을 새로이 자리매김했으며, 동부 여러 주로부터 부유한 집안 출신의 학생들을 점점 더 많이 끌어오도록 입학처 직원들에게 강력히 촉구하고 있다는 사실도 파악했다. 휘팅턴은 이것이야말로 이 학교의 재정 상황을 향상시킬 절호의 기회라고 보았다. 그 역시 이러한 과제를 적극 지지하여, 우선 입학처에 대한 지원을 강화하는 한편, 해마다 신입생 모집 정원을 100명에서 110명 가량 늘려나가기 위해 적극 노력하라고 촉구했다. 동시에 그는 환급 비율—즉, 등록금 가운데 신입생 장학금으로 다시 지출되는 비용—을 12퍼센트 선에서 고정시키는 한편, 입학처에도 가급적이면 장학금이 적거나 아주 없어도 되는 학생들을 위주로 신입생을 모집하도록 촉구했다. 이에 반해 다른 사립 칼리지나 대학에서는 등록금 가운데 25퍼센트에서 35퍼센트, 심지어 45퍼센트까지를 재학생의 장학금으로 지출했다. 말하자면 수업료로 내는 금액을 1달러라고 치면, 그 중진짜 수업료는 불과 75센트, 65센트, 혹은 55센트에 불과한 셈이다.

당시 입학처장이었던 낸 퍼킨스와 입학처 직원들의 뛰어난 역량 발휘로 인해 1996년 이래 엘론의 신입생 수는 계속해서 100여 명씩 늘어나 매년 100만 달러의 추가 수입이 생겨났는데, 이는 대학의 보유 기금이 2천만에서 2천5백만 달러 정도는 되어야만 생기는 1년 치 이자액에 맞먹는 금액이었다. 오늘날 엘론 재학생의 3분의 2 가량은 학부모의 연간 수입이 7만 5천 달러 이상이다. 반면 학부모의 연간 수입이 4만 달러 이하인 재학생의 수는 전체의 10퍼센트에 불과한데, 이는 미국 대학생 전체의 평균치인 30퍼센트에 비하면 극히 적은 비율이다.

장학금을 많이 주지 못하기 때문에, 휘팅턴과 그의 동료들은 그 대신 등록금을 가능한 한 적게 받기로 결정했는데, 이는 한편으로 학부모들의 부담을 덜어주고, 다른 한편으로는 엘론에 지원하는 것을 잘한 선택으로 느끼게 하기 위해서였다. 2002~2003학년도에 엘론의 수업료, 기숙사비, 식비를 총 합산한 등록금은 2만 4백 달러인데, 이는 남부에 위치한 비슷한 규모의 다른 칼리지보다는 6퍼센트, 그리고 뉴잉글랜드의 훨씬 더 유명한 사립 칼리지보다는 무려 35퍼센트나 저렴한 가격이다. 엘론은 오늘날 〈배런스 추천상품 가이드Barron's Best Buys〉에서도 학부교육 분야에서 '추천상품'에 해당하는 학교 가운데 하나로 올라 있다. 휘팅턴은 이에 대해 다음과 같이 설명한다.

우리 재정 전략의 핵심은 다음 세 가지입니다. 입학생 수를 점차 늘리고, 등록금 환급을 엄격하게 제한하고, 등록금 액수를 경쟁력 있고도 현실적으로 유지하는 것입니다.

운영자금, 그리고 대출금

* ☆ * ☆ * ☆ *

Bricks, Mortar, and Loans

하지만 엘론이 보다 부유한 집안의 학생들을 모집하기 위해서는, 기본적인 설비와 서비스 등을 제대로 갖춘 바람직한 대학 공동체가 될 수 있도록 캠퍼스 내의 기본시설을 크게 개선시켜야만 했다. 이러한 필요를 만족시키기 위해, 엘론의 지도자들은 두 가지 일을 우선적으로 해야 한다고 생각했다. 하나는 캠퍼스를 아름답고도 최신식으로 만들고 유지하려는 영 총장의 열정을 이어가는 것이었다. 그리고 다른 하나는 이사진을 설득해서 가급적 빠른 시일 내에 거액을 대출받아, 점차 늘어나는 부유층 출신 학생들에게 걸맞는 최신식 설비를 갖추는 동시에, 운영 자금을 구하고 기금을 더욱 늘리기 위한 기금 마련 운동을 시작하는 것이었다.

휘팅턴은 수백만 달러의 자금을 대출받기 시작했는데, 그 대부분은 이자율이 제각각인 비과세 채권 형태였다. 2003년까지 엘론 대학은 모두 5천4백만 달러의 부채를 지고 있었는데, 이는 2003~2004학년도의 운용 예산이 9천만 달러에 지나지 않는 학교로서는 위험하다 싶을 정도로 많은 양이다. 운용예산 대비 부채 비율이 무려 60퍼센트나 되기 때문이다. 부채 청산을 위해, 휘팅턴은 이사회와 의논하여 해마다 예산 가운데 4.5퍼센트에 해당하는 금액을 현금으로 별도 비축해

☆ ★ ☆ ★

두기로 결정했다. 휘팅턴은 이렇게 설명한다.

어떤 사람들이 보기엔 이렇게 막대한 부채를 지고 있다는 것이야말로 무분별한 행동처럼 보이겠죠. 하지만 엘론의 야심을 이루기 위해서는 그만큼 막대한 돈이 필요했던 겁니다. 우리는 지난 10년 동안 무려 27채의 건물을 짓고, 개축하고, 임대했습니다. 반면 지금 현재(2003년) 변동금리는 불과 1퍼센트도 안 된단 말이죠.

앞으로 10년만 더 있으면, 엘론은 이제 미국 내의 여러 대학 중에서도 가장 아름답고 훌륭한 시설을 갖춘 곳이 될 것이다. 이 모두가 보다 많은 입시생들의 관심과 지원을 이끌어내고, 반면 학생들에게 장학금 등은 되도록 줄이면서, 대담하게 자금을 빌려 쓴 덕분이다.

물론 다른 요인도 없지 않았다. 1996년부터 2001년까지의 기금 마련 운동을 통해 모두 4,760만 달러가 축적되었는데, 이는 동문회, 이사회, 학부모, 후원회 등이 많고 적음을 차치하고 모두들 적극적으로 도와준 덕분이었다. 거기다가 1990년대 말에 주식시장이 큰 호황을 누리면서 기금이 더 늘어나게 되었고 캠퍼스 내의 기본시설을 건립하느라 바쁜 동안, 교수진과 교직원들은 비교적 박한 월급을 기꺼이 감내하고 있었다. 또한 더햄과 채플힐, 그리고 그린스버러 사이에 위치해 있다는 지리적 이점 때문에, 적은 비용으로 보다 탁월한 전임 및 시간강사를 채용할 수 있었던 점도 무시할 수 없었다. 1994년부터

2003년 사이에 엘론의 정교수는 140명에서 235명으로 증가했던 반면, 학교 측에서는 지금도 해마다 60명에서 70명 가량의 강사를 채용하고 있어서, 현재는 전체 강의진 가운데 28퍼센트를 강사가 차지하고 있다.

휘팅턴은 엘론이 벌이는 사업 과정에서 어떻게 해서든 한 푼이라도 아껴 모으려고 했으며, 카드사와 제휴해 현금 및 신용카드인 '피닉스 카드Phoenix Card'를 발행해서 수수료 가운데 일정 비율을 학교 측이 차지하도록 하거나, 코카콜라 사와 제휴해서 캠퍼스 내에서 청량음료의 '독점판매'를 실시하고 그 판매수익 가운데 일부를 차지하도록 하는 등의 혁신을 통해서도 새로운 수익을 마련했다. 그렇게 해서 모은 적지 않은 자금은 뭔가 새로운 아이디어, 개선, 그리고 수리 등에 사용했다(가령 노스캐롤라이나의 겨울 내내 불어 닥치는 눈 폭풍으로 인해 상하거나 죽은 캠퍼스 내의 가로수를 교체한다거나). 그리고 독점판매로 얻은 수익금 가운데 일부를 매년 교직원(관리인, 비서, 목수, 전기기술자까지 모두 포함해서)과 교수진 가운데 한 명씩을 선정해서 1주일간 런던 여행을 보내주는 자금으로 사용하기도 했다. 이는 학교 측에서 이들의 노력을 치하하는 동시에, 엘론의 해외 연수 프로그램과 연관시키려는 측면도 있었다.

엘론의 재정에 대해 자세히 살펴보면 비용절감을 위해 여러 가지로 절약 정책을 실시하고 있음을 알 수 있다. 휘팅턴은 이사회의 투자위원회와 함께 의논하여 엘론의 기금 투자를 다양화시켜서, 두 곳의 채권회사와 네 곳의 일류 증권회사에 나누어 투자했다. 2000년부터 2003년까지 주식시장이 큰 폭으로 침체를 겪으면서 미국의 일부 칼리지와 대학에서는 보유 기금 가운데 평균 20퍼센트 가량의 손실을 겪기도 했지만—가령 웨이크 포리스트의 기금은 2000년부터 2002년 사이 2년 동안에 무려 24.4퍼센트나 감소했다—엘론의 기금은 오로지 5.7퍼센트의 손실만을 보았는데, 이는 무엇보다도 엘론이 주식 투자에 있어서는 가치주와 성장주, 핵심주를 잘 안배했고, 또한 채권 투자에 있어서도 선택을 잘 했기 때문이었다. 그로 인해 엘론은 지난 10년간 평균 10.8퍼센트의 투자수익을 거두었다. "우리는 장기적인 안목으로 투자하는 것이지, 결코 단기적인 이익을 늘리기 위해 애쓰진 않습니다." 휘팅턴의 말이다.

엘론 대학의 행정조직은 비교적 소규모이고, 교직원의 월급 역시 비슷한 규모의 다른 대학에 비해서는 약간 낮은 편이다. 리오 램버트 총장의 경우, 2001~2002학년도의 연봉이 26만 3,207달러였는데, 이는 퍼먼 대학이나 로애노크 칼리지Roanoke College, 그리고 워싱턴 앤드 리 같은 곳과 비슷한 수준이긴 하지만, 엘론의 경쟁자라 할 수 있는 플로리다 주의 롤린스 칼리지Rollins College의 총장 연봉(32만 4,243달러)이나, 앨라배마의 버밍엄 서던 칼리지Birmingham-Southern College의 총장 연봉(35만 4,335달러)에 비하면 오히려 적은 편이다. 행정 담당 교직원 가운데 몇 명은 심지어 종종 강의에 투입되기도 한다. 가령 부총장 제럴드 휘팅턴은 정기적으로 비즈니스 스쿨에서 한 학기짜리 재무 관련 강의를 하기도 한다. 부총장 스미스 잭슨 역시 학생의 발달심리학에 관한 세미나를 이끌고 있다. 시인이기도 한 학생처장 제프 스타인Jeff Stein은 문예창작 강의도 맡고 있으며, 교목인 맥브라이드 역시 '인생 이야기'라는 과목을 가르치고 있다.

2002년까지 엘론의 교수 235명의 월급도 비슷한 규모의 다른 학교에 비해서는 약간 낮은 편이었다. 그리고 이후 교수진을 신규 채용하는 과정에서도, 학교 지도자들은 월급을 많이 줘야 하는 나이 지긋하고 유명한 학자들보다는 오히려 젊은 조교수들을 전적으로 받아들였다. 이러한 방법을 통해 절약한 비용만 해도 제법 상당했다. 휘팅턴은 이렇게 말한다. "사실 캠퍼스 안에서 가장 중요한 재정 관리자는 우리 같은 재무 담당자가 아니라, 오히려 교직원들이라고 할 수 있습니다."

구매 역시 엘론이 매우 숙달되어 있는 분야이다. 항상 값싼 물건만 사들이는 것은 아니지만, 엘론의 사업 담당 교직원들은 식품에서 컴퓨터까지 거의 대부분의 물건을 할인가로 구입한다. 최근 '전국 교육 관련 구매자 연합회National Association of Education Buyers'에서는 엘론 대학을 미국 내에서 가장 활발한 10군데의 비영리 구매자 가운데 한 곳으로 꼽았다.

투명한 예산

★ ☆ ★ ☆ ★ ☆ ★

See-Through Budgets

많은 미국의 칼리지와 대학들에서 예산을 수립하는 과정은 그야말로 수수께끼다. 예산안을 결정하는 과정은 물론이고, 그 규모와 배당, 그리고 금액이 캠퍼스 내 대부분의 사람들에게 알려지는 경우는 전혀 없다. 하지만 엘론은 다르다. 이곳에서는 예산 수립 과정 자체가 놀라울 정도로 투명하다.

매년 가을이면 휘팅턴 부총장과 프랜시스 교무처장은 올해의 사업, '엘론 신세기' 전략계획, 그리고 그 지역 및 전국 차원에서의 재정적 전망을 고려한 뒤에, 다음 학년도의 예산안을 대략적인 개요 차원에서 그려보게 된다. 그런 뒤에 그 예산안 개요를 램버트 총장에게 가져가면 곧바로 승인되거나, 혹은 수정을 거치게 된다. 이 예산안 개요를 이사회의 실무위원회에 보여주면, 그들은 이를 승인하거나 약간의 수정을 요구하곤 한다. 그리고 나서 휘팅턴, 프랜시스와 교수진 가운데서 선출된 한 명으로 구성된 예산안 위원회에서 각 학과장과 각 부서장들이 각자 예산안 편성에 참고할 수 있도록 지침을 마련한다. 이 지침에는 물가상승률, 신입생 및 재학생 관련 자료, 그리고 전체적인 재정 운용의 밑그림이 포함되어 있다. 그러면 각 학과장은 이 지침에 의거하여 각자가 요구하는 예산안을 준비한 다음, 네 명의 학장 중 한 사람이나 부총장에게 제출한다. 이러한 요구 내용을 적절히 가감한 뒤에야 대략적인 내년도 예산안의 초안이 모습을 갖추게 된다.

다음해 1월이 되면 이 예산안 초안과 아울러, 새로이 들어올 수익금에 대한 예상, 자산의 변동내역, 각종 배당금 등에 대한 자료가 캠퍼스 포럼에서 발표된다. 이때는 교수진뿐만 아니라, 엘론에서 일하는 사람은 모두가 참석한다. 우선 여러 가지 질문과 아울러, 일부에서는 초안의 예산안 내용 가운데 일부를 변경해 달라는 제안이 나온다. "컴퓨터 교육에 필요한 예산은 충분한 겁니까?", "해외 연수비용을 충분히 감당할 만큼 예산을 배정하긴 한 겁니까?", "왜 올해에는 기숙사 개축을 하지 않으려는 겁니까?" 그렇게 해서 예산안 위원회가 초안에 다시 한 번 가감을 하고 새로이 정리하면, 그로부터 몇 주 뒤에는 개편된 예산안을 가지고 다시 한 번 포럼에서 공청회를 갖고 이런저런 질문과 제안과 논평을 듣는다.

이렇게 해서 수정되고 조정된 익년도 예산안은 우선 총장에게 제출되어 혹시나 필요할지도 모르는 마지막 조정 단계를 거친 뒤에야 최종 승인을 위해 이사회에 넘어간다. 휘팅턴에 따르면 지난 10년 동안 이사회가 예산안의 내용을 수정하도록 요구한 것은 단 한 번뿐으로, 그 내용인즉, '예산안에 편성되어 있는 교수 및 교직원 월급을 더 인상하라는 것'이었다고 한다.

엘론에서는 예산을 편성하는 것이 단지 얼마 안 되는 돈을 여기저기 분배하는 용도 말고도, 엘론이란 공동체 안에 있는 모두에게 어느

일에 어느 만큼의 비용이 들며, 어떻게 또 왜 비용이 드는지를 가르치
는 교육적인 용도로도 사용된다고 볼 수 있다. 또한 적어도 휘팅턴이
생각하기엔 이러한 과정은 앞으로 1년간 이 예산안의 재정적 범위 내
에서 살아가야만 하는 사람들로부터 미리 비판과 혁신적 제안을 받아
들이는 수단으로도 사용된다고 볼 수 있다.

새로운 재정 전략

★ ☆ ★ ☆ ★ ☆ ★

Coming Soon: A New Financial Strategy

엘론의 재정 전략에 있어 두 가지 전환점이 된 사건은 해마다 입학
지원자가 늘어난 것과, 학생 장학금으로 지출하는 환급 비율을 매우
낮게 유지한 것이었다. 하지만 이 두 가지도 이제는 쉽지 않게 되었다.
1990년대 말의 '엘론 비전'은 엘론이 계속해서 친밀하고 활기차고
협조적인 공동체로 남아 있으려면, 재학생 수를 4천 명 이내로 유지해
야 한다고 제안한 바 있다. 그런데 2003년 현재 엘론의 재학생은 모
두 4,432명이고, 이제 일부 교수와 학생들조차 학교가 너무 비대해졌
다고 느끼기 시작하게 되었다. 왜냐하면 학교가 네 개의 개별 학부로
쪼개지면서, 이제는 대학원생이나 로스쿨 신설에 대한 이야기가 많아

지고 있기 때문이다.

또한 지금까지 엘론은 등록금 수익 가운데 환급되는 금액의 비율을 12퍼센트 선에서 유지해 왔다. 하지만 램버트 총장은 엘론에 입학하는 학생들의 수준을 향상시키려는 목적으로, 수많은 성적우수 장학금을 신설하고 한편, '우수학생 과정'을 적극 지원하고 강화했다. 이러한 실천과제를 감당하느라 2003~2004학년도에 엘론의 등록금 환급 비율은 기존의 12퍼센트에서 17퍼센트로 껑충 뛰었다. 이와 동시에 교수진의 월급도 크게 올랐다.

그렇기 때문에 비교적 적은 보유 기금에도 불구하고 그 위상이나 명성을 단기간에 높일 수 있었던 원동력이었던 엘론의 재정 전략 가운데 가장 중요한 두 가지 토대가 이제 위험한 지경에 이른 것이다. 휘팅턴은 이에 대해 다음과 같이 대답했다.

우리는 계속해서 성장하고 있습니다. 다만 예전과는 달리 앞으로는 해마다 100명이 아니라 20에서 30명 가량의 학생만 받게 될 겁니다. 그리고 지금처럼 가장 우수한 학생들을 얻기 위해 경쟁이 치열한 상황에서는, 성적우수 장학금을 통해서 앞으로도 학생들의 수준을 계속 향상시키는 것도 엘론으로선 무척 중요한 일입니다. 하지만 이제는 새로운 재정 계획이 필요하다는 것 역시 분명한 사실입니다.

엘론은 이미 미국 고등교육기관 중에서도 최고의 수준으로 올라가

 ☆ ★ ☆ ★

기 위한 지금의 과정을 유지하기 위해 새로운 자금 마련을 도모하기 시작했다. 엘론의 지도층과 이사진들은 낸 퍼킨스가 이끄는 학교 발전처에 예년보다 거의 50퍼센트나 늘어난 많은 예산을 배정했다. 낸 퍼킨스는 기업체를 대상으로 활동할 후원 요청 전문가와 개인을 대상으로 활동할 기부 및 유증 전문가를 신규 채용했으며, '대인관계를 활용하여 기부 요청을 늘리기 위해' 자원자들로 모임을 구성하려고 계획 중이다.

지금까지 엘론의 기금 마련은 비교적 소수에 불과한 동문, 후원회, 학부모, 이사진에게 크게 의존해 왔다. 이제 엘론의 고위층은 여러 재단 및 기업을 상대로 후원 요청을 할 필요가 있으며, 보다 많은 사람들로 하여금 사후에 엘론에 재산을 기부하도록 권장해야 할 필요가 있다. 또한 엘론의 졸업생들이 매년 내는 후원금을 늘릴 필요도 있었는데, 실제로 엘론 동문들 대부분은 자신들이 재학 시절에 받은 큰 관심만큼 막대한 금액을 되돌려주려는 생각은 갖고 있지 않은 모양이었다.

그러나 엘론의 기금 마련 사업은 간혹 성공을 거두긴 했지만, 실제로는 다른 분야의 사업에서 나타난 것과 같이 지속적이고 탁월하게 수행된 적은 별로 없었다. 엘론의 고위층 가운데 한 사람은 이렇게 설명했다. "지난 몇 년 동안 그 분야에서는 지도력 및 직원 관리상의 문제가 있었습니다. 그래서 비교적 최근 얼마 전까지만 해도 기금 마련은 현재와 같은 우선순위와 지원을 얻지 못하고 있었습니다." 하지만 향후 엘론의 발전 가능성이야말로 학교 발전처 직원들의 전문성과 열정에 크게 달려 있다고 해도 지나친 말이 아닐 것이다. 현재 엘론은 더 이상 대출을 많이 받을 수도 없고, 학생 등록금 수익은 증가세가 점차 둔화되고 있다. 낸 퍼킨스와 학교 발전처 직원들은 이제 그야말로 엘론의 바퀴가 계속 굴러갈 수 있도록 하는 역할을 하고 있는 셈이었다. 지난 1990년대에 그녀가 입학처의 다른 직원들과 함께 그랬듯이 말이다.

한편 엘론의 네 학부를 담당하는 학장들은 향후 새로운 기금 마련 가능성을 매우 낙관하고 있었다. 휘팅턴은 이렇게 말한다. "어쩌면 새로운 프로그램을 무작정 확산시키는 것보다는, 차라리 지금 우리가 이미 잘 하고 있는 몇 가지 분야에 좀 더 강력하게 집중할 필요가 있을지도 모릅니다." 미국 소비자 물가 지수에 따르면 미국의 고등교육 비용은 건강관리 비용과 마찬가지로 해마다 30에서 40퍼센트씩 가파르게 치솟고 있기 때문에, 엘론 역시 계속해서 자금을 물색하고, 마련하고, 전략을 세워야 할 필요가 있다.

이제 대학의 지도자들도 약간 초조하게 되긴 했지만, 엘론의 입지를 계속해서 향상시켜야 한다는 데 있어서는 여전히 굳게 결심한 상태다. 2003년에 램버트 총장과 이사회는 캠퍼스 남부의 철로 건너편에 있는 약 10만 평의 대지를 구입했다. 그곳은 본래 수십 년 동안 고아 및 비행소년을 수용하는 사설기관인 '엘론 어린이집'이 있던 장소였다. 구입가는 280만 달러였다. 휘팅턴은 이렇게 말한다.

 ★ ★ ★ ★

그곳 대지나 건물을 가지고 뭘 할지는 아직 결정하지 못했습니다. 하지만 엘론은 여전히 성장하고 있고, 그렇기 때문에 우리는 현재의 아름다운 캠퍼스를 보호하고 싶은 겁니다. 아닌 게 아니라, 파도타기를 하려면 항상 다음 파도를 미리 예견하고 있어야 할 게 아니겠습니까.

불과 5천5백만 달러라는 비교적 적은 기금을 보유한 대학으로선 결코 적지 않은 투자인 셈이다. 하지만 지금까지 엘론은 도박을 걸 때에도 빈틈이 없었고, 또한 앞으로도 계속 그럴 것 같아 보인다.

제6장

성공의 결과와 역설

The Fruits and Ironies of Success

★ ☆ ★ ☆ ★ ☆ ★ ☆ ★ ☆ ★ ☆

    지난 20년 동안 엘론 대학의 변모는 상당한 주목을 받아 왔다. 엘론은 〈유에스 뉴스 앤드 월드 리포트〉에서 매년 실시하는 대학 평가에서 최근 몇 년간 계속 순위가 상승했으며, 현재 석사과정까지만 개설된 남부 대학 가운데서는 8위에 올라 있다. 《배런스》에서는 엘론을 대학 교육 분야에서 '추천상품' 가운데 하나로 선정했다. 《템플턴 가이드 The Templeton Guide》에서는 엘론을 미국 내 칼리지와 대학 가운데에서도 학생의 '인성 계발' 면에서 가장 우수한 100곳 가운데 하나로 선정했다. 〈(아프리카계 미국인 학생을 위한) 캐플런 데이스타 대학 가이드 Kaplan DayStar Guide to Colleges for African American Students〉에서는 엘론을 흑인 학생에게 추천할 만한 미국 내 대학 가운데 한 곳으로 선정했다. 〈야후 인터넷 라이프Yahoo Internet Life〉지에서는 엘론을 100대 정보화 대학 가운데 한 곳으로 선정했다. 그리고 엘론은 학생의 도전과 참여를 최대한도로 이끌어내는 교육 프로그램과 환경에 대한 조사인 전국 학생 참여도 연구조사에서 전국의 칼리지와 대학 가운데서도 3년 연속으로 상위 10퍼센트에 포함되었다.

〈워싱턴 포스트Washington Post〉의 기자이며 하버드 졸업생인 제이 매튜스Jay Matthews는 2003년에 펴낸 저서 〈하버드 슈마버드Harvard Schmavard〉에서 자신은 명성만 요란한 학교 대신, 오히려 '잘 알려지지 않은 보석'을 찾아내고 싶었다고 적었다. 비록 체계적이지는 않은 조사이긴 했지만, 엘론은 그가 입시지도 전문가와 다른 사람들에게 조언을 얻어 작성한 100곳의 '잘 알려지지 않은 보석', 즉 지금보다 더 많은 주목을 받아 마땅한 학교 가운데서도 첫 번째를 차지했다. 엘론 대학이 그야말로 작지만 탁월한 대학으로 인정된 순간이었다.

엘론의 지도자들이 계획하고, 씨 뿌리고, 전략적으로 육성한 모든 것은 결국 훌륭한 열매를 맺게 되었다. 입시 지원자 수는 계속해서 늘어나고 있다. 강의와 학술 연구를 겸임하는 탁월한 젊은 교수진은 점점 학교에 매력을 느끼고 있다. 그리고 보다 많은 기부금이 학교에 쏟아지기 시작하고 있다. 또 엘론의 학술 프로그램 가운데 일부는 좋은 평판을 받고 있다. 실제로 미국의 학부 교육에 대한 연구를 수행하고 있는 몇몇 연구자들은 엘론이야말로 미국 칼리지 가운데 모범이 될

 ☆ ★ ★ ★

만하다고 주장한다. 노스캐롤라이나 서부에 우치한 브리버드 칼리지의 신입생 정책센터 소장인 존 가드너는 이렇게 말한다.

내가 보기에 엘론은 미국 학부 교육에 있어 새로운 시금석이나 마찬가지다. 엘론은 거의 모든 분야에서 제대로 하고 있다. 모든 고위층, 교수, 교직원이 하나같이 친절하고, 박식하고, 자상하다. 엘론은 진정한 공동체라 할 만하고, 이제는 더 나아가 학문적으로도 발전하고 있다. 나로선 다음과 같은 조언 한 가지만 더 하고 싶다. "제발 지금 그대로만 계속 가시오!"

성공의 결과

★ ☆ ★ ☆ ★ ☆ ★

The Consequences of Success

하지만 엘론이 전국에서도 가장 훌륭한 학부 교육기관의 순위에서 혜성과도 같이 급부상함에 따라, 몇 가지 역설적인 결과가 드러나기 시작했다. 물론 이것 자체야 특이할 것도 없었다. 한 기관이 오랫동안 겪던 문제를 해결하거나, 혹은 탁월한 성취를 통해 새로운 명성을 얻거나, 그 전략적 시도가 큰 성공을 거두고 나면, 대개는 미처 예견치 못했던 새로운 곤경에 마주치게 되기 때문이다. 결국 성공은, 특히 갑작스러운 성공은 그만한 대가를 치르게 마련이다.

마찬가지로 어느 한 부문에서의 실천과제가 다른 부문에서의 바람직한 개선과 상충되기도 한다. 공동체건, 사회건, 대학이건 어느 곳도 자연스럽게 조화를 이루지는 못 한다. 이런 곳에는 불가피하게 부조화와 차이가 가득할 수밖에 없다. 가령 여러 대학에서 너도나도 최신 디지털 기술을 학내의 정보교환 운용 및 양식에 접목시키려 했던 경우를 예로 들 수 있다. 물론 이처럼 새로운 전자 커뮤니케이션 도구는 막대한 이점을 지니고 있다. 하지만 만약 이 학교가 지금까지 다양한 학생들 간의 직접적인 정보 교환이나, 혹은 교수와 학생 간의 접촉을 최대화한 것에 대해 오히려 자부심을 지니고 있는 곳이라면 어떨까? 시뮬레이션을 통한 정보 교환이 사람이나 아이디어나 문제를 직접 대하는 것만큼이나 풍부한 경험이 될 수 있을까? 물론 컴퓨터 스크린을 통한 빠르고도 효과적인 정보 교환은 물론이고, 그보다 더 친밀하고 개인적인 정보 교환 모두가 학교 측으로선 긴요하다. 이 두 가지는 결국 학습을 향상시킬 수 있기 때문이다. 하지만 이 두 가지가 상충되면 어떻게 할까?

엘론 역시 성공으로 인한 몇 가지 역설적인 결과와 아울러, 그 자체적으로 약간의 불일치가 서서히 드러나기 시작했다. 다행히 각 학부에서는 성실한 자기관찰을 통해 이런 징후를 파악하고 있었다. 내가 만난 여러 실무진과 교수는 이렇게 말했다. "우리는 그야말로 건전한

편집증을 지니고 있습니다." 가령 남부 대학연합의 인증심사를 위해 준비한 엘론의 '자체조사' 보고서에서도 자기 학교의 단점에 대한 남다른 솔직함과 신선한 시각이 돋보였다.

지난 10년 동안 재학생 수가 점점 늘어난 것을 예로 들어보자. 얼마 전까지만 해도 엘론의 교수진이나 캠퍼스 지도자들이나 많은 학생들은 재학생 수가 4천 명 이상으로 늘어난다 하더라도, 엘론이 이전과 같은 사교적이고 높이 평가되고 상호 도움이 되는 공동체의 성격이 크게 저해되진 않으리라 생각하고 있었다. 하지만 오늘날 엘론의 재학생 수는 4천5백 명에 육박하고, 앞으로도 더욱 늘어날 추세다. 이에 덧붙여 대학원생 및 대학원 과정의 수를 더 늘려야 한다는 논의가 오가고 있다. 그렇다면 과연 어느 정도의 규모에서부터 한 공동체는 균열이 생기고, 분열되며, 침식당한다는 느낌을 받게 되는 것일까?

한편으로는 엘론이 지금껏 장학금을 많이 주지 않았기 때문에, 엘론의 학생들 가운데에는 백인, 그리고 비교적 부유한 집안 출신이 압도적으로 많았다. 물론 학교측에서는 아프리카계 미국인 학생 수를 늘리기 위해 노력한 끝에, 이제는 재학생의 8퍼센트 가량을 흑인 학생이 차지하고 있다. 그러나 오늘날 미국 인구의 무려 20퍼센트를 차지하고 있는 히스패닉이나 아시아계 학생은 재학생 가운데 1퍼센트도 채 되지 않고 있다. 재학생 가운데 유대계는 1.6퍼센트에 불과했다. 램버트 총장은 입학처에 다문화 출신 학생 모집 담당자를 신규 채용하고, 최근에는 3백 만 달러 규모의 자금을 바탕으로 매년 학생 8명씩에게 '왓슨 장학금Watson Scholars'—노스캐롤라이나의 저소득층 출신 학생들을 대상으로 하는—을 지급하도록 했다.

미국 인구 가운데 다언어적 성격이 늘어남과 동시에, 히스패닉과 아프리카인과 아시아인 출신 이민자가 늘어남에 따라, 엘론 역시 특히 라틴계와 아시아계 학생을 중심으로 인종적 다양성을 구현해야 할 필요를 느끼고 있다. 하지만 엘론 재학생들의 이질성을 확대시킴으로 인해, 다른 여러 대학에서와 마찬가지로 오히려 캠퍼스 내에 인종적 소수집단과 파벌이 형성되는 결과를 낳는다면, 그로 인해 이른바 '엘론 동산'의 축복받은 분위기가 저해되지는 않을까?

엘론이 체육특기생 장학금을 늘림으로써 1부 리그로 승격할 수 있게 되면, 그로 인해 전보다 많은 '꼴통들', 즉 운동에는 뛰어나지만 공부는 못 하는 학생들만 더 늘어나게 되는 것은 아닐까? 과연 어떻게 해야만 운동 분야에서도 좋은 실력을 유지하면서, 그와 동시에 학술 분야에서도 성적우수자 장학금을 통해 재능 있는 학생들을 끌어올 수 있을까? 운동에 재능이 있는 학생들에게는 계속해서 캠퍼스에 머물며 연습을 하라고 하면서, 다른 학생들에게는 캠퍼스를 떠나 인턴십이니 해외연수를 하라고 권장하는—나아가 필수적으로 만드는—것은 모순이 아닐까?

 ☆ ★ ☆ ★

무엇보다도 더한 긴장

★ ☆ ★ ☆ ★ ☆ ★

The Really Big Tension

엘론에 대한 평판이 이처럼 급속하게 좋아질 수 있었던 주요 원인으로는 학교에서 학생의 성장에만 확고히 초점을 맞춘 점, 적극적이고도 참여적인 학습 방법을 채택한 점, 대학의 정책 결정에 학생을 포괄적으로 참여시킨 점, 친밀한 조언을 주고받을 수 있는 우호적인 환경과 컨트리클럽을 연상시키는 아름다운 캠퍼스를 보유한 점 등을 들 수 있다. 이러한 방식을 고수한 덕분에, 엘론의 학부 교육은 무척이나 넓고도 깊을 수 있었던 것이다.

이는 1980년대와 1990년대에 엘론의 입장에서는 무엇보다도 학생들을 끌어 모으고 만족시키는 것을 최우선으로 놓았기 때문에 가능한 것이었다. 또한 이 학교가 학생들의 지적 성장 못지않게 가치관과 봉사와 자아발견을 중요시했기 때문에 가능한 것이었으며, 다른 한편으로는 엘론에 입학하는 학생들의 출신 배경이 비슷했기 때문에 가능한 것이기도 했다. 이와 같은 요소들의 공헌은 아직까지도 현저하다.

하지만 이제 엘론이 전국적인 주목과 찬사를 받게 되면서, 램버트 총장을 비롯한 지도자들과 교수진, 그리고 이사진들은 이 학교를 보다 학구적인 장소로 만들어야 하겠다는 생각을 품게 되었다. 그리하여 엘론은 그 지적이고 예술적인 성취 수준을 향상시키기 위한 노력을 시작했고, 교수진에게는 보다 많은 연구를 수행하고 주요 학술지에 논문을 발표하도록 독려하는 한편, 학생들에게는 보다 많이 대학원에 진학해 박사학위를 받도록 독려했다. 아울러 학교 측에서는 '우수학생 과정'과 '우수학생 장학금' 제도를 향상시키는 등, 더욱 관심을 쏟게 되었다. 그리고 전국 각지의 우수한 학생들을 끌어 모으기 위해 10여 개의 성적우수 장학금을 신설했다. 교수의 종신 재직 심사 과정에서도 이전에 비해 학문적 성과 여부를 더욱 크게 반영하게 되었다. 그리고 커뮤니케이션 스쿨과 비즈니스 스쿨은 전문대학원 인증을 받으려고 하고 있다.

학문적 명성을 성취하는 동시에, 학생의 필요와 변화에 관심을 쏟는다는 찬사를 확보하려는 최근의 시도가 단순히 엘론의 명성을 높이려는 열망에서 비롯된 것만은 아니었다. 지난 10년 동안 엘론은 무척이나 활기차고 행동 중심적인 재학생들과 더불어, 인문과학의 연구로부터는 점차 멀어지면서 오히려 전문직업 교육이나 그와 유사한 기능을 하는 대학으로 변화되었다. 1997년부터 2003년까지 인문과학 분야(예술, 생물학, 화학, 영문학, 역사학, 수학, 음악, 정치학, 철학, 심리학 등등)의 학위를 얻는 학생의 비율은 무려 10퍼센트 이상 감소했다. 반면 지난 5년간 경영, 커뮤니케이션, 교육, 엔지니어링, 영화, 사회복지, 레저 및 스포츠 경영, 공공행정, 연극 분야에 대한 관심은 오히려 늘어났다. 엘론의 2002년 자체조사 보고서에는 어느 교수의 다음과 같은 불만이 인용되어 있다.

 ☆ ★ ☆ ★

엘론 칼리지가 종합대학이 되면서부터, 이 학교는 학부생 교육에 있어 인문학을 중심으로 삼았던 전통적인 노력을 점차 잃어가고 있습니다. 인문교양과 인문학은 오늘날 엘론에서 외면당하고 있습니다.

인문교양으로부터 점차 멀어지고, 오히려 전문대학원 과정 및 전문대학원 예비과정으로 향하는 추세가 이어지자, 램버트 총장 이하 고위층에서는 엘론에서 인문교양 과목의 '구심점'을 되살릴 방안을 물색했다. 결국 램버트가 취한 두 가지 해결책은 인문교양학부를 위해 새로운 학술촌을 설립하는 것과, 파이베타카파PBK 지부의 설립을 도모하는 것이었다. PBK에 가입하기 위해서는 무엇보다도 이 학교가 전통적인 인문교양 과목과, 깊은 지적 탐구에 지속적으로 관심을 쏟고 있다는 것을 보여주어야만 했다. PBK 지도자들은 전문 교육은 물론이고, 심지어 학부생의 참여 교육까지도 경멸하는 경향이 없지 않았다. 하지만 램버트 총장과 엘론의 PBK 가입을 진두지휘하고 있는 영문학 교수 러셀 질은 파이베타카파의 입회 자격을 얻는 것은 오히려 치료 효과가 있을 것이며, 엘론의 학부생 교육에 균형을 가져다줄 것이라고 주장했다.

1994년부터 2003년 사이의 10년간, 엘론에서는 재학생들의 보다 엄밀한 학문 추구 능력은 물론이고, 학교 측의 인문교양 과목에 대한 강조 역시 나란히 늘어났다. 가령 신입생의 SAT 평균점수만 해도 1994년의 1,040점에서 2003년에는 1,159점으로 올랐고, 신입생의 고등학교 평균 학점GPA도 3.1에서 3.6으로 올랐다. 6년 내에 졸업하는 학생의 비율은 63.2퍼센트에서 71.2퍼센트로 늘어났고, 졸업생 가운데 보다 많은 수가 이제는 일반대학원이나 전문대학원으로 진학하고 있으며, 그중 18퍼센트는 엘론 졸업 직후에, 그리고 약 20퍼센트 이상은 1년에서 3년간의 여행이나 직장생활 후에 대학원으로 진학하고 있다. 이러한 수치는 미국 내에서도 가장 우수한 인문교양 칼리지나 가장 탁월한 소규모 대학들에 비하면 물론 상당히 낮은 수치이지만, 향후의 전망은 밝다고 할 수 있다.

학교 측에서 늘 적극적인 학습, 연구, 그리고 지역사회 봉사를 강조한 덕분에, 오늘날 엘론의 졸업생 중 다수는—약 43퍼센트 가량—졸업하기 직전까지 최소한 두세 개 정도의 취업 제안을 받게 되는데, 이 대부분은 학생들이 여름방학 아르바이트, 보조직, 외국여행 등을 통해 쌓은 경험으로부터 비롯되는 것이다. 가령 03년도 졸업생인 애니 라일리Annie Reilly는 대학 시절에 지역 신문사 두 곳과 통신회사 한 곳에서 인턴으로 근무했으며, 졸업 후에는 유나이티드 항공사United Airlines의 기내 잡지 부편집자로 일하고 있다. 00년도 졸업생인 리치 블룸퀴스트Rich Bloomquist는 현재 TV 방영 중인 〈데일리 쇼Daily Show〉의 방송작가로 활약하고 있으며, 2003년도에는 에미상Emmy award 각본상을 수상했다. 이처럼 엘론의 학생들은 보다 지적인 관심사를 향해 나아가는 것과 동시에, 각자의 능력과 관심과 활력에 걸맞은 직업과 전문직을 향해서도 빠른 속도로 나아가고 있다.

 ☆ ★ ☆ ★

그러나 엘론이 지금껏 학생의 성장과 가치관과 자기성찰에 유난히
초점을 맞추어 온 것을 보완하기 위해, 전통적인 인문교양 교육이며,
교수진의 연구 및 업적을 향해 새롭고도 굳건한 발전을 도모하는 한
편, 또 자체에서 운영되는 세 가지 스쿨을 각각 미국 남동부에서도 가
장 우수한 곳 중에 하나로 만들기 위해 노력하다 보니, 엘론 캠퍼스
내에는 새로운 종류의 긴장이 형성되고 말았다. 시간이란 언제든지
희소한 자원이게 마련이다. 가령 대부분의 학생들은 보다 격심한 학
문적 과제나, 혹은 석사과정이나 봉사활동을 준비하느라 개인적인 활
동이나 친교를 할 만한 시간적 여유가 없을지도 모른다. 또 대부분의
교수들은 학생의 성장을 위한 열성적인 강의와 지원을 해야 하는 한
편, 각자의 전공 분야에서 더 많은 업적과 발표와 차별성을 만들어내
야만 하는 무거운 책임감 사이에서 어려움을 겪을지도 모른다. 2002
년의 자체조사 당시에 엘론의 인문과학 분야를 담당했던 외부 전문
컨설턴트는, 수많은 교수진과 면담을 한 이후에 다음과 같이 조언하
기도 했다.

상당수의 교수진이 '공연히 바쁘기만 한 상황' 때문에 시간이 허비
되고 있어서, 각자 연구나 개인의 발전, 혹은 충전을 위한 시간적 여유
가 전혀 없다고 주장했다. 이들은 연구에 보다 큰 관심을 쏟게 됨으로
써 오히려 강의실에서의 창의성이 떨어지게 되거나, 각자의 독서 및 학
습의 범위가 좁아짐으로써 학생들을 제대로 가르칠 수 없는 것은 아닐

까 불안해하고 있다.

그렇다면 엘론은 이전과 마찬가지로 전국에서도 가장 학생 중심적이고, 사용자 편의적인 학교로 남는 한편, 혁신적인 학문 및 전문 교육에 있어서 새로운 인큐베이터 노릇을 할 수 있을 것인가?

딜레마와 싸우다

★ ☆ ★ ☆ ★ ☆ ★

Dueling with the Dilemma

2002년 11월 말의 어느 금요일 오후부터 토요일 아침까지, 램버트 총장은 해마다 서너 번씩 '리더십 엘론'이라는 행사를 개최했다. 매 행사마다 교수, 졸업생, 지역주민, 학생, 교직원, 그리고 이사진 가운데 35명에서 40명 가량이 초대된다. 참석자들은 '엘론 신세기' 전략 계획의 우선과제를 비롯해, 향후 입학생 전망이니, 몇 가지 교수진의 실천과제니, 최근에 제안된 시설이니, 학교의 재정 상황 등을 살펴본다. 또한 참석자들은 총장에게 현재 엘론이 어디로 가고 있으며, 또한 어째서, 또한 어떤 방법으로 엘론이 그곳에 가야 하는지를 물어본다. '리더십 엘론' 행사는 엘론의 현재 상황과 미래 계획을 모두에게 지속

★ ☆ ★ ★

적으로 알림과 동시에, 규모가 커짐에도 불구하고 계속해서 엘론의 공동체적인 느낌을 유지하기 위해 램버트 총장이 만들어낸 수단이기도 하다. 램버트 총장은 이렇게 말한다. "우리 엘론은 대단한 팀워크를 지니고 있습니다. 우리는 계속해서 의사소통을 하고, 계속해서 협조하고 있습니다."

캠퍼스의 지도자들은 성공과 혁신으로 인해 생겨난 결실과 아울러, 그로 인해 증가된 스트레스에 대해 잘 알고 있는 듯했다. 리더십 엘론은 혁신적이고 학생 중심적인 참여 학습 대 구식의 파이베타카파 식 업적, 숙고, 경험적 연구 사이의 갈등, 그리고 이전의 전략적 우선순위 대 엘론의 미래를 향한 새로운 방향 사이의 갈등 등등, 이처럼 현안으로 대두하는 갈등을 최대한 잘 무마하려는 시도라고도 할 수 있다. 이제는 균형이 가장 중요한 문제가 되었다. 인문교양과 전문 교육 사이의 균형, 강의와 학문 사이의 균형, 릴라 페이 리치의 조사에서 ENFP유형인 활기차고 행동 중심적인 학생들과 점점 늘어나는 매우 학구적인 성적우수 장학금 수혜자들 사이의 균형, 보다 개선된 기숙사 생활과 해외여행과 캠퍼스 외부에서의 인턴십 과정 사이의 균형, 그리고 지적 발전과 개성 및 자기이해의 발전 사이의 균형 등등.

이러한 문제는 사실 미국 고등교육의 역사만큼이나 오래 된 것이다. 과연 대학은 주로 집적된 지식을 가르치는 것에만 만족해야 할 것인가, 아니면 나아가 시민들로 하여금 그들이 속한 문명의 역사와 전통을 비롯하여 각자의 잠재능력과 의무를 이해하도록 해야 할 것인가? 과연 대학은 학생들에게 인생을 준비시킬 것인가, 아니면 취업을 준비시킬 것인가? 미국의 민주주의 사회에 대해 자부심을 갖게 만들 것인가, 아니면 전 세계의 다양한 문화적, 종교적, 그리고 정치적 형태에 대한 관용을 갖게 만들 것인가? 가장 우수한 학교는 계속해서 남다르고 특별한 채로 남아 있어야 할 것인가, 아니면 균형 잡히고, 다면적인, 학생 및 교수진의 다양한 관심사를 적극 수용해야 할 것인가?

엘론은 이미 여러 사람의 평가에 있어서 미국 내에서도 학생 중심적인 학부 고등교육을 하는 훌륭한 교육기관으로 평가되고 있다. 그리고 많은 사람들이 '제발 지금 그대로만 계속 가라!'고 응원을 아끼지 않고 있다. 하지만 무척이나 존경받고, 또한 극도로 신중한 램버트 총장조차도 지금 이렇게 물어보고 있지 않은가. "우리가 과연 어떻게 해야 목표에 도달할 수 있을까요? 어떻게 해야 지금 이 순간을 버틸 수 있을까요?" 이에 대한 답변은 결코 명백하지가 않다. 하지만 그와 엘론은 앞으로도 더 나아지기 위한 열망을 잃어버리진 않고 있다.

 ☆★☆★

제7장
성장의 비결에 대한 분석
Analysis of an Ascent

★ ☆ ★ ☆ ★ ☆ ★ ☆ ★ ☆ ★ ☆

단 한 가지 사례에서 어떤 교훈을 찾아내는 일은 언제나 위험의 소지가 있게 마련이다. 하지만 '엘론 칼리지', 즉 지금은 '엘론 대학'이 된 이 학교의 빠른 성장, 평범하고 촌스럽고 가난하던 학교가 탁월하고 세련되고 재정이 건실한 학교로 변모하기까지의 과정을 보면, 이와 같은 발전을 가능하게 한 요소가 무엇인지를 한 번 찾아보는 것도 의미가 있을 듯하다. 그로 인해 엘론과 같이 품질과 명성에서 성장하기를 꿈꾸는 다른 칼리지나 대학에 도움이 될 수도 있으니 말이다.

최근 수십 년간 엘론의 활동을 자세히 살펴보면, 이 학교가 그토록 두드러지게 성장하는 데 도움을 준 여섯 가지 특징을 발견할 수 있다.

그 중 첫 번째는 프레드 영 전 총장이 끊임없이 주장했던 '품질 우선'주의였다. 영 총장은 엘론의 운영에 있어 모든 측면이 반드시 탁월해야 한다고 거듭 지시했으며, 캠퍼스의 행사며, 해외여행이며, 수업이며, 심지어 전화 응대까지 가능한 한 친절하고, 깨끗하고, 매끄럽고, 유용하게 만들기 위해 애썼다. 지금도 엘론의 한 부서나 교수 사무실에 전화를 걸면, 매우 친절하고도 유용한 답변을 들을 수 있다. 마찬가지로 엘론을 방문하면 캠퍼스 내부나 조경이 무척이나 깨끗하고 매력적으로 보일 것이다. 엘론에서는 새로운 건물을 지어야 할 때면 매번 조사단을 구성해 전국의 다른 가장 좋은 학교 시설을 찾아다녀서, 엘론의 건물이 품질에서나 설비에서나 결코 어디에도 뒤떨어지지 않도록 한다. 이사진이나 엘론의 지도자들은 시설의 유지관리가 필요한 경우에는 주저 없이 실행에 옮기고 있다.

물론 엘론보다도 훨씬 더 훌륭한 여건—가령 음악이나 컴퓨터공학 같은 교과과정이나, 학생을 위한 서비스나, 동문 관리 차원 등에서—을 갖춘 칼리지나 대학은 얼마든지 있다. 하지만 학생식당의 메뉴에서부터 화장실 청결 문제에 이르기까지, 정작 그 운영에 있어 모든 측면을 제대로 수행하기 위해 그토록 성실하게 노력하는 학교는 극히 드물다. 엘론에서는 뭐든지 제대로 하려는, 뭐든지 제대로 돌아가게 하려는 분위기가 풍겨 나온다. 이것이야말로 학부모와 방문객과 컨설턴트와 학생과 교수 모두가 감지하고 무척이나 호의적으로 말하는 특징이다.

 ☆ ★ ☆ ★

두 번째 특징은 엘론이 늘 어떤 계획을 세우는 데 몰두한다는 점이다. 영 전 총장과 램버트 총장은 전략적 우선순위를 만들고, 목표를 세우고, 다음 단계에 대해 폭넓게 의사소통을 했으며, 전략을 완수하기 위해 애쓰고, 이를 단순히 탁상공론이 되지 않도록 노력했다. 엘론의 원대한 목표는 결국 재정적 투자라는 책임과 목표를 위한 실천으로 이루어졌고, 해마다 각 전략계획의 진행과정에 대한 보고서를 만들어냈다. 더욱이 이러한 전략계획은 엘론이 보다 두각을 나타내고 비교우위를 점할 수 있도록, 매우 용의주도한 정황 분석에 근거하고 있다. 엘론의 성공은 결코 손쉽게 이룬 것이 아니었다. 이러한 전략은 캠퍼스의 건축 종합계획과 연계되어, 전략적 실천과제를 완수하기 위한 인적 자원과 물질적 자원을 제대로 갖추게 했다.

반면 대다수의 미국 고등교육 기관들은 위험을 기피하는 경향이 있다. 상당수의 교수진과 총장들이 변화를 꺼려하고, 뭔가 앞으로 크게 한 발짝 내딛는 것 자체를 싫어하는 것이 현실이다. 하지만 엘론은 결코 그렇지 않았다. 엘론은 위험을 감수할 줄 아는 학교이며, 그 모험심에 상응하는 결과를 얻기 위해 기꺼이 도박을 할 수 있는 학교다. 엘론은 신중한 자기 확신과 함께 집단적인 신뢰를 보여주고 있는데, 이러한 자질은 현 사회의 새로운 경향과 특성에 대한 철저한 분석과 자세한 평가에 기인한 것이다. 엘론의 이사진, 교수진, 실무진은 대담하게 그들의 미래를 설계한다. 그들은 결코 외부의 사건에 반응해 당황하거나 방황하지 않는다.

인재의 중요성

★ ☆ ★ ☆ ★ ☆ ★

The Importance of People

고등교육은 넓은 의미에서 보자면 인재를 다루는 사업이나 마찬가지다. 이 사업의 대부분은 학생, 교수진, 이사진, 지도자의 자질과 졸업생들의 성실성 여부에 달려 있다고 해도 과언이 아니다. 학교가 점차 성장하는 과정에서는 매 단계마다 새로운 인재를 선정하는 데 있어 더더욱 신중해질 수밖에 없다.

내가 생각하기에 엘론의 발전에 있어서 세 번째 특징은 바로 인재의 선정, 훈련, 그리고 보상에 각별히 주의를 기울인 점이다. 뿐만 아니라 엘론은 학교와 연관된 모든 사람에게 각별히 주의를 기울이고 있다. '리더십 엘론' 모임이나, 계획 회의나, 예산안 공청회나, 심지어 화요일 아침마다 분수대 주위에서 있는 휴식 시간에는 교수와 부총장과 학생뿐만 아니라 엘론의 정원사, 비서, 수위까지 모두 참석한다. 엘론이야말로 미국 고등교육계에서도 가장 포괄적인 공동체라고 할 수 있다. J. 얼 대니얼리 총장이 자신의 재직 기간(1958~1973년) 내내 자칫하면 엘론의 독특한 공동체 문화를 분열시킬 수 있었던 베트남전쟁이나 시민권 운동 관련 논쟁, 그리고 복장이나 말투나 음악에 있어 학생들의 반항과 급진적인 변화를 결코 용납하지 않았던 이래, 엘론은 그 협동적인 공동체 생활을 그야말로 보석과도 같이 소중히 간

☆ ★ ☆ ★

직해 오고 있다. 감상주의적인 것과는 전혀 거리가 먼 휘팅턴 부총장도 이것이야말로 '엘론의 방식'이라고 말한다. 모든 사람이 서로 겸손하게 대하고, 서로를 감싸고, 정보를 교환하고, 봉사 정신을 기르는 과정에서 자기도 모르는 사이에 엘론의 발전에 관여하게 된다는 것이다.

새로운 교수나 교직원을 선발하는 과정은 마치 훌륭한 요리사가 시장에 가서 생선이나 야채를 고르는 것과 마찬가지로 무척이나 까다롭게 이루어진다. 그렇게 선발된 교수나 교직원은 모두 오리엔테이션과 훈련과 코칭 단계를 밟는다. 엘론에 들어온 학생 고객 역시 학교 측에서 분명한 의도를 갖고 모집한 결과라 할 수 있다. 즉, 각 고등학교의 진학 상담교사에게 꾸준히 호의적인 태도를 보이는 한편, 장학금 환급 비율을 조절해 가면서 신중하게 골라 모집한 학생들인 것이다. 프레드 영 전 총장의 후임으로 리오 램버트가 선정된 것도 이와 마찬가지의 심사 과정을 거쳤으며, 그 결과 램버트야말로 전임자인 영과 마찬가지로 확고하고 적극적인 지도자 감이라는 결론에 도달했기 때문에 선정한 것이다. 총장과 이사진 양쪽 모두가 발휘한 확고하고도 진취적인 리더십 덕분에 엘론은 지금과 같이 앞으로 더 나아갈 수 있었던 것이다.

엘론 특유의 조화롭고 친근한 공동체—학생들의 말마따나 '엘론 동산'—가 가능했던 것은, 교수진이나 교직원의 교체가 놀라울 정도로 드물었다는 점 때문이기도 했다. 심지어 2002년 이전까지만 해도 엘론의 교수진이나 교직원은 상대적으로 급여는 낮은 반면 업무는 많은 편이었는데도 말이다. 프레드 영 전 총장만 해도 무려 25년간 총장으로 재직했는데, 어느 부총장은 그를 가리켜 이렇게 말한다. "그분이야말로 차마 값을 매길 수 없는 귀중한 자산이었습니다. 그분은 우리의 전략계획 목표를 달성하는 과정에서 지속성과 확고한 의지를 부여해 주셨고, 매번 새로운 탈출구를 마련해 주셨습니다. 그런 행운을 누릴 수 있는 학교는 결코 많지 않을 겁니다." 제럴드 프랜시스, 낸 퍼킨스, G. 스미스 잭슨, 릴라 페이 리치, 수전 클롭먼, 제럴드 휘팅턴, 리처드 맥브라이드 목사, 앨런 화이트는 모두 엘론에 근무한 지 10년 이상 되는 고위 간부들이다. 그리고 교수진과 이사진 가운데 대부분이 무척이나 오랜 기간 동안 엘론에 몸담고 있다. 솔직히 어떤 조직이 이런 상태가 되면 오히려 부패하게 마련이다. 하지만 이렇게 오랫동안 엘론에 남아 있는 거의 모두는 언제까지나 확고한 열정과 헌신, 그리고 발전을 향한 노력을 지니고 있는 듯하다.

이처럼 엘론의 성장과 안락한 공동체 생활('엘론 방식')에 기여할 수 있는 학생과 교수와 교직원을 선별함으로써 학내의 친목이 돈독해진 감도 있는 반면, 다양한 사람—침울한 성격의 시인, 급진적인 사회과학자, 오로지 연구에만 매달리는 과학자, 비판적인 철학자 등등—이 함께 어울리며 학내에 인간적, 학문적 교류에 있어 색다른 풍미를 첨가하진 못하게 되었다는 약점도 있다. 물론 이처럼 다양한 개성을 지닌 학생과 교수들이 모였다면, 보다 나은 학문적 성취와 유쾌한 추억을 남겼을지, 아니면 지나친 논쟁과 목적의식의 상실을 야기하게

 ☆ ★ ★ ★

되었을지는 아무도 모르는 일이다.

엘론의 새로운 명성에 기여한 네 번째 특징은 그야말로 무수히 많은 미국의 칼리지와 대학 사이에서 자기만의 뚜렷한 영역을 만들고자 하는 자발성이다. 지금까지 수십 년간, 엘론은 학생의 성장에만 유난스러울 정도로 집중해 왔다. 즉, 학생들로 하여금 각자의 사춘기와 나르시시즘과 욕심에서 벗어나 보다 높은 차원의 삶으로 나아가도록 이끌었던 것이다. 엘론의 지도자들은 학생들이 단순히 강의에 출석하고, 노트에 필기하고, 인터넷에서 자료를 찾고, 시험을 보는 수동적인 학습을 넘어서는 '참여 학습', 즉 실천 중심적이고 경험적인 교육을 강조하고, 이를 자랑스럽게 외부에 널리 알렸다.

이와 같은 참여 교육을 실천하기 위해, 엘론에서는 교수들에게 각자 지도하는 학생과 자주 만나서 동기를 부여하고 영감을 불어넣는 스승이 되도록 요구해 왔다. 엘론에서는 다섯 가지의 '엘론 체험과정'을 개발하고, 학생들을 거의 모든 정책 결정 과정에 참여시켰다. 이러한 과정을 통해 학생들은 보다 성숙해지고 자신감을 갖게 된다. 보건 과목과 맥브라이드 교목의 '인생 이야기' 과목 같은 강의를 통해 학생들은 자기 자신에 대해서, 그리고 자신의 가치관에 대해서 알게 된다. 활기 넘치는 과외활동 및 체육활동 역시 최근에 늘어난 학부생 연구 활동과 마찬가지로 학생들을 보다 더 긴밀하게 엮어주는 기능을 한다. 엘론에서 이루어지는 교과 및 과외 프로그램은 학생들의 개성에 대한 지속적인 평가에 근거해서 만들어진 것이다. 엘론에서 마련한

교과과정은 이 학교에 매력을 느끼고 들어온 학생들의 수준에 딱 맞
아떨어진다. 물론 엘론만의 독특한 참여 학습 방법이야말로 앞으로
미국의 대학 교육의 주류가 될 것이라는 이 학교 지도자들의 낙관은
지나치게 이른 감이 없지 않지만, 이들이 지금까지 해 온 결과만 보아
서는 분명 창의적이고 생산적이고 인기 있고 탁월한 모험이라고 할
수 있다.

탁월한 재정 및 마케팅 전략

★ ☆ ★ ☆ ★ ☆ ★

Financial Acumen and Marketing

엘론의 성공에 있어 다섯 번째 특징은 상대적으로 적은 자금을 가
지고 재정적 성장을 이루어낸 탁월한 솜씨라 할 수 있다. 제럴드 프랜
시스를 위시한 다른 사람들이 교과과정을 책임지며 분주한 사이, 역
대 총장들과 엘론의 발전 및 재무 담당 부처, 그리고 이사진은 새로운
자금을 빌려오고 마련하고 요청하느라 분주히 움직였다. 엘론은 등록
금 면에서도 경쟁력을 유지하기 위해 비슷한 규모의 다른 대학에 비
해 오히려 등록금을 낮게 책정함으로써, 엘론에 입학하는 학생들에게
최상의 선택이라는 느낌을 심어주었다. 엘론에서는 신입생 모집에 적

 ☆ ★ ☆ ★

극적으로 나서는 한편, 등록금 환급 비율을 가급적 줄이는 현명한 방법을 동원해서 학교 자체를 새로이 자리매김하는 동시에, 학교에 필요한 재원을 마련했다. 그리고 새로이 들어오는 신입생들을 만족시키려는 목적으로, 막대한 자금을 대출받아 가면서까지 캠퍼스 환경을 가급적 멋지고 현대적으로 만들었다.

엘론은 어떤 면에서는 대담하고도 창의적인 한편, 또 신중하고도 꼼꼼한 태도를 보여 왔다. 엘론은 얼마 되지 않는 기금을 가지고도 탁월한 기술을 발휘했던 것이다. 휘팅턴은 이렇게 말한다. "우리는 매번 2달러를 투자해서 3달러 이상의 가치를 뽑아내려 했습니다."

하지만 이제 램버트 총장과 학교의 지도자들이 엘론을 학문적 명성에 있어서도 새로운 수준에 올려놓으려 함에 따라, 재정적 상황 역시 변화하고 있다. 엘론은 앞으로도 계속되는 야심을 뒷받침하기 위한 새로운 재정적 우선순위의 윤곽을 이미 세우고 있다.

엘론의 성공에 기여했음이 분명한 마지막, 즉 여섯 번째 특징은 최근에 특히 돋보이는 마케팅 기술을 들 수 있다. 이 분야의 전문가들은 마케팅이 단순히 적극적인 광고와 홍보만으로 가능한 것은 아니라는 사실을 잘 알고 있다. 여기서 홍보란 고등교육의 마케팅에 있어 다섯 가지 요소—즉 교과, 가격, 위치, 인력, 홍보—가운데 하나에 불과하다. 가령 엘론은 자신들이 기존의 학생 시장을 겨냥한 적절한 교과 및 과외활동 과정을 만들어냈다고 굳게 믿고 있다. 또한 엘론의 가격, 즉 수업료와 숙박비와 식대는 그 어떤 다른 경쟁 학교보다도 더 낮은 편이다. 엘론의 위치나 캠퍼스의 경관이나 시설이야말로 무척이나 헌신적인 관리와 투자에서 비롯된 것이며, 엘론의 인력이야말로 그 어디보다도 학생과 학부모의 필요에 관심을 집중하도록 선발되고 훈련된 사람들이다.

그런데도 정작 홍보에서만큼은 엘론도 영 총장의 임기 말년에 이르기 전까지는 그렇게 활발한 움직임을 보이진 못했다. 하지만 지난 10년 동안 자기 학교의 특색과 장점을 널리 알리는 데 적극적으로 뛰어들었다. 1994년부터는 외부 컨설턴트를 고용했고, 1998년에 이르러서는 차분한 말투에 점잖은 성격이지만 탁월한 전직 언론인인 댄 앤더슨을 고용함으로써, 향후 전국적으로 엘론에 대한 찬사와 주목이 급증하게 만들었다. 램버트 총장의 지시에 따라 앤더슨은 여러 방송 매체와 대학입시 지침서를 발행하는 출판사, 그리고 고등교육 분야의 지도자들과 정부 및 비영리 조직의 영향력 있는 인물들을 겨냥한 일련의 실천과제를 행동으로 옮겼다.

이미 사람들의 눈에 확 띄는 것으로 유명했던 엘론의 신입생 모집 관련 홍보물은 보다 시각적으로 생생하고 내용적으로 탁월하게 발전했다. 엘론의 동문회보는 이제 계간으로 발행되며, 기사 내용이나 디자인 면에서도 전보다 훨씬 나아졌다. 그리고 엘론은 매년 발행하는 재정 현황 보고서를 졸업생들뿐만 아니라, 남부 지역의 125개 주요 대학의 총장, 고위간부, 입학처장 등에게도 발송한다. 램버트 총장은 앤더슨에게 엘론을 전국적으로 언급되고 또 알려지게 해 달라고 신신

 ☆ ★ ☆ ★

당부한 바 있다. 그리하여 앤더슨은 몇몇 매체를 직접 방문하기도 하고, 고등교육 관련 저술가들을 엘론 캠퍼스로 초대하기도 했다. 이러한 접촉을 통해 〈뉴욕 타임스〉, 〈워싱턴 포스트〉, 〈유에스에이 투데이〉, 〈타임〉, 〈크로니클 오브 하이어 에듀케이션Chronicle of Higher Education〉 같은 여러 매체에 엘론에 관한 기사가 실렸던 것이다. 반면 앤더슨은 TV나 라디오 같은 매체에는 오히려 덜 신경을 썼는데, 그 이유는 '아직까지는 활자매체의 힘이 가장 강력하다'는 소신 때문이었다.

아울러 조지 부시 전직 대통령부터, 방송계의 전설로 통하는 명 앵커 월터 크론카이트Walter Cronkite[33]까지 세계적인 유명인사들을 캠퍼스로 초청함으로써, 학생들로 하여금 이처럼 영향력 있는 사람들을 직접 보고, 집에 가서 뭔가 자랑할 만한 거리를 만들어주는 동시에, 이 귀빈들에게 상대적으로 잘 알려지지 않았던 엘론 대학의 존재를 확고히 인식시켜주기도 했다. '발견의 목소리'라는 제목으로 실시되는 일련의 특강에 참석한 미국 전역의 명사들도 마찬가지였다. 정치학자인 샤론 스프레이의 지도 아래 학생들이 직접 실시하는 '엘론 대학 여론조사'는 제시 헬름스Jesse Helms 상원의원의 사임과, 이후 그 자리를 노리는 엘리자베스 돌Elizabeth Dole과 어스킨 보울즈Erskine

---

Bowles[34] 간의 격돌, 그리고 존 에드워즈John Edwards의 미국 대통령 후보 거론[35] 등의 사건이 연이어 벌어지면서 외부로부터 상당한 주목을 받았다.

이후 다양한 대학입시 지침서에서 새로운 엘론에 대한 정보를 수록하기 시작했다. 또 2005년부터 엘론은 미국 최고의 칼리지와 대학들을 소개하는 가장 영향력 있는 입시 지침서인 〈피스크 대학입시 가이드The Fiske Guide to Colleges〉에 소개되고 있다.

---

34) 노스캐롤라이나 주의 공화당 소속 5선 상원의원인 제시 헬름스(1921년생)가 건강 문제로 은퇴를 선언하자, 공석이 된 그의 자리를 놓고 공화당의 엘리자베스 돌(1936년생)과 민주당의 어스킨 보울즈가 격돌하여 결국 돌이 당선되었다.

35) 노스캐롤라이나 주의 민주당 소속 상원의원인 존 에드워즈가 2004년 민주당 대선후보 경선에 나섰다가 존 케리에게 패하여 결국 케리가 민주당 후보로 결정되었다.

글을 마치며

coda

미국의 여러 칼리지와 대학의 운영 방식과 완고한 성격에 대해서는 아주 일찍부터 수없이 많은 비판이 있어 왔다. 그러나 미국의 교육기관은 이후로도 결코 변화하지 않았기 때문에, 이러한 비판은 아직까지도 유효하다고 할 수 있다. 미국 전역에 산재한 이들 3천9백여 개의 비영리 고등교육 기관 중에서도 이제는 오늘날의 사회와 세계의 새로운 조건에 따라 스스로를 새로이 고쳐나가려는 움직임이 소수의 학교를 중심으로 번져나가고 있다. 엘론 대학이야말로 이런 학교 가운데 하나이기 때문에 우리로선 이 학교를 주목해야 할 필요가 있다.

또한 특기할 만한 사실은 미국 내에 새로운 유형의 대규모 칼리지나 소규모 대학이 점차 부각되고 있다는 점이다. 대부분의 주립 칼리지나 대학, 자본이 부족한 사립 칼리지와는 달리, 이들 학교는 학생들에게 오로지 직업 교육만을 강조하지는 않는다. 이들 학교는 학생들에게 인문교양 교육을 위주로 하면서도, 또한 전문대학원 진학을 준비하게 해 준다는 점에서 일종의 변종이라 할 수 있다.

새로운 종류의 칼리지나 대학은 자신들이 미국 내에서도 가장 우수한 학생들을 많이 끌어 모으지는 못하리란 사실을 애초부터 잘 알고 있다. 이러한 우수한 학생들 가운데 70퍼센트 가량은 이른바 상위 20개교의 연구 중심 대학이나 상위 10개교의 인문교양 칼리지에 진학한다는 사실을 알고 있기 때문이다. 또한 이들 학교는 대학에 입학하는 학생들 가운데 대부분이 직업을 얻기 위해 공부한다는 사실도 알고 있다. 따라서 새로운 변종 칼리지나 대학은 이들 중간층 학생들, 그러니까 아주 명석하거나 재능이 뛰어나거나, 매우 진지한 학문적 탐구에 전적으로 헌신하지는 않을 학생들을 가르치는 것을 목표로 삼게된다. 이들 새로운 학교는 뭔가 색다른 형태의 체험활동과 아울러, 동기부여적이고 친밀한 교수법이 특징인 새로운 형식의 교과과정과 필수과목을 만들었다. 또한 이들 학교는 약간은 전통적인 것과는 거리가 먼 업적을 세운 교수들을 채용하고 선호하기도 한다.

이런 새로운 종류의 칼리지나 대학은 여전히 스스로를 발전시키고 있으며, 여전히 아주 탁월하거나 우수하지는 않은 학생들, 즉 차라리 전문직 종사자나 기업가나 공무원 등을 선호하는 학생들을 교육하는 가장 좋은 방법을 고안하기 위해 애쓰고 있다. 이러한 과제는 지속적이고 적극적인 실험과 개선을 낳는 동시에, 특이하면서도 뚜렷한 업

 ☆ ★ ★ ★

적에 대한 주위의 더 많은 인식을 갈망하고 있다.

작곡가 이고르 스트라빈스키Igor Stravinsky는 언젠가 이렇게 말한 바 있다고 한다. "위대한 예술가란 늘 베던 베개를 베면서도 항상 가장 좋은 것을 찾는 사람이다." 엘론 대학이야말로 이처럼 끝이 없는 활동력을 지닌 학교가 아닐까. 그렇기 때문에 나 역시 이 학교에 매료된 동시에, 이 학교를 연구하고 또 관찰할 만한 가치가 있다고 생각했던 것이지만 말이다.

감사의 말
Acknowldegement

내가 처음으로 엘론 칼리지에 대해 관심을 갖게 된 것은 1996년 8월에 당시 총장이던 프레드 영의 위촉을 받고 소규모의 컨설팅 업무차 엘론 캠퍼스를 방문하면서부터였던 것 같다. 당시 나는 엘론 칼리지에서 벌이는 사업은 물론이고, 그 사업을 진행하는 방식에 대해서도 크게 매력을 느꼈다. 나중에 나는 엘론을 다시 방문해서 여러 사람을 인터뷰하고 자료를 읽은 뒤, 〈고등교육계획 Planning for Higher Education〉지의 1997년 봄호에 엘론에 관한 기사를 한 편 썼다.

2002년 9월에 영의 후임자인 리오 램버트 총장은 내게 다시 한 번 컨설팅 업무를 맡아주지 않겠느냐고 연락을 해 왔다. 나로선 1997년에 쓴 기사를 업데이트할 수 있는 기회이기도 했다. 그해 10월에 다시 엘론을 방문해서 주요 고위층과 여러 교수들을 만난 뒤, 나는 엘론이

 ☆ ★ ☆ ★

불과 50년 만에 보잘 것 없고 가난한 학교에서 우수한 학교로 급성장한 것을 소재로 해서 작은 책을 한 권 써도 되겠느냐고 제안했다. 램버트 박사는 이에 흔쾌히 동의했고, 필요한 자료를 비롯해서 본인 및 다른 관계자들과의 인터뷰에 적극적으로 응해주었으며, 아울러 책의 내용이나 방향에 대해서는 일절 간섭하지 않을 테니 자유롭게 쓰라는 조언을 잊지 않았다.

내가 이 책을 쓴 이유는 두 가지였다. 그 중 하나는 미국의 한 사립 칼리지가 우수한 전략 계획과 탁월한 재무 관리, 헌신적인 교수진과 강력하고도 확고한 리더십을 근거로 삼아 어떻게 변화할 수 있는지를 보여주고자 함이었다. 그리고 다른 하나는 특이하게도 아직까지 공백 상태로 남아 있는, 미국 고등교육 관련 문학 및 연구라는 장르에 조금이나마 기여하기 위해서였다.

실제로 각 교육기관이 스스로의 성공을 자축하는 뜻에서 펴낸 책자야 무수히 많지만, 그런 책들은 내 원고를 읽어 준 누군가의 말마따나 "허세뿐인 역사"만을 담고 있을 뿐이다. 오늘날 대학 운영에 있어 각 분야, 가령 입학 과정, 연구 활동, 소수인종을 위한 배려, 체육 프로그램 등등에 대한 통계 분석이나 모델 등에 대한 설명도 무수히 많고, 또한 현재의 여러 칼리지나 대학의 업적과 평판 가운데서 고등교육의 현황을 언급한 것 역시 그야말로 넘쳐날 지경이다. 하지만 모튼 켈러와 필리스 켈러Morton and Phyllis Keller가 공저한 《하버드의 현대화 : 미국 대학의 발전Making Harvard Modern : The Rise of America's University》(2001)

을 비롯한 몇 가지 예외적인 경우를 제외한다면, 미국에서 고등교육을 연구하는 학자들 가운데 이처럼 한 학교의 정책과 계획과 인력과 발전 과정을 자세히 연구해 놓은 책은 극히 드물다고 할 수 있다. 즉, 어느 한 칼리지나 대학이 어떤 방식으로 그 스스로를 운영하고 있는지를 미시적으로 살펴본 연구는 극히 드문 것이다.

이 책을 쓰는 데 있어 나는 엘론의 이사진과 행정가, 교수진과 학생들, 그리고 일부 학부모들에게 큰 빚을 졌다. 이들의 허심탄회한 조언과 지원이 없었더라면, 나는 결코 이 학교의 내부며 구조를 이처럼 잘 이해할 수가 없었을 것이다.

프레드 영 전 총장과 리오 램버트 현 총장 두 분은 무척이나 솔직하고도 협조적이었다. 또한 이 책을 만드는 데 수고해 준 탁월한 편집자인 존스홉킨스 대학 출판부의 재클린 웨이뮬러Jacqueline Wehmueller와 특별히 본인의 관심사와 일치한 덕분에 오랫동안 나를 도와준 아내 제인에게 깊은 감사를 표하고자 한다.

☆ ★ ☆ ★

역자 후기

작지만 활기찬 대학, 아름다운 캠퍼스와 최신식 설비를 갖추는 데 아낌없이 투자하는 대학, 예산 편성부터 사업 평가에 이르기까지 모든 과정이 투명하고도 합리적으로 이루어지는 대학, 꿈을 지닌 지도자와 유능한 교수진과 헌신적인 교직원과 활기 넘치는 학생들이 모여 있는 대학, 총장부터 학생까지 매일 한 차례씩 분수대 곁에 삼삼오오 모여 다과를 나누며 친숙하게 이야기를 나누는 대학, 한 사람의 인재를 배출하기보다는 한 사람의 낙오자도 만들지 않기 위해 배려하는 대학, 작고 가난하고 이름 없는 지방 대학에서 미국 전역의 입시생들이 선망하는 최고의 대학으로 단시일 내에 급부상한 대학. 바로 이 책의 주인공인 엘론 대학의 모습이다. 기독교 계통의 소규모 칼리지로 시작해서 불의의 화재로 인해 문을 닫기 직전까지 갔지만, 이후 여러 번의 위기를 넘기며 총장부터 학생까지 모두가 똘똘 뭉쳐 하나의 공동체를 유지하며 성장해 온 이 학교의 이야기야말로 무척이나 유쾌하면서도 특별한 성공담이며, 그야말로 탁월한 경영 혁신 사례라고 할 수도 있겠다. 외적인 발전보다는 내적인 품질에 신경 쓰고, 소극적인 현상유지보다는 적극적인 정면돌파를 선택하는 엘론의 활약상을 보고 있지만, 이 책에 나온 누군가의 말처럼 자연스레 이런 응원이 나오게 마련이다. "제발 지금 그대로만 계속 가시오!"

이 책의 원서를 구해 주고 번역 과정에서도 여러 모로 큰 도움을 준 후배 강지석에게 고맙다는 말을 전하고 싶다. 지금 모교의 교직원으로 근무하면서 우리나라 대학의 현실에 대해 누구보다도 깊은 고민과 생각을 품고 있는데, 부디 그러한 열정을 보다 건설적인 방향으로 사용할 수 있는 기회를 얻었으면 하는 바람이다. 이 작지만 특별한 책에 관심을 보여주시고 성원해 주신 뜨인돌 출판사 여러분께 다시 한 번 감사드린다.